찰리 멍거의 말들

찰리 멍거의 말들

투자, 경제, 비즈니스 그리고 삶에 관하여

데이비드 클라크 해설 | 문찬호 옮김

The Tao of
Charlie Munger

○ WATER BEAR PRESS

엮은이

데이비드 클라크 David Clark

캘리포니아대학University of California 에서 금융을 전공하고 같은 대학 헤이스팅스 법과대학에서 법학을 전공했다. 워런 버핏의 투자 방법론에 관해서는 세계 최고의 전문가로 꼽히는 저명한 포트폴리오 매니저다. 그가 저술한 책들 상당 수는 20개가 넘는 언어권에서 번역되었을 정도로 전 세계적인 베스트셀러가 되었으며, 그중 일부는 투자의 고전으로 꼽히기도 한다. 저서로는《워런 버핏만 알고 있는 주식투자의 비밀》《워런 버핏 투자 노트》《워런 버핏의 실전 주식투자》《워런 버핏의 재무제표 활용법》등이 있다.

옮긴이

문찬호

네바다주립대학University of Nevada 학부와 대학원에서 카지노경영학과 호텔경영학을 전공했다. 대구대학, 강원관광대학, 경북외국어대학에서 강의를 했으며, 주식회사 강원랜드의 서베일런스팀 팀장, 하이원팰리스호텔과 하이원콘도의 총지배인, 싱가포르 지사장을 역임했다. 저서로는《카지노 게임과 경영론》,《슬롯머신 경영론》이 있으며, 역서로는《가난한 찰리의 연감》(비매품)이 있다.

초판 1쇄 발행 2021년 12월 20일
초판 4쇄 발행 2024년 1월 23일

해설 데이비드 클라크
옮긴이 문찬호

기획 장동원 이상욱
책임편집 오윤근
디자인 위하영
제작 제이오엘앤피

펴낸곳 워터베어프레스 **등록** 2017년 3월 3일 제2017-000028호
주소 서울시 마포구 성미산로 29안길 7 3층 워터베어프레스
홈페이지 www.waterbearpress.com
이메일 book@waterbearpress.com
ISBN 979-11-91484-08-3 03320

이 책을 리처드 손더스와
그의 즐거운 말썽꾸러기 친구들에게 바칩니다.
이렇게 많은 사람이 이렇게 적은 사람에게
이만큼이나 커다란 빚을 진 적은 없습니다.

Part II
—
경제

Part III
—
비즈니스

Part IV

—

삶

출처에 대하여

—

이 책에 포함된 찰리 멍거의 인용구들의 출처는 인터넷, 신문, 잡지, 학술지, 연설, 책, 블로그, 인용구 웹사이트 등 다양하다. 회사의 연차 주주 회의에서 비롯된 인용구는 그 회의에 참석했던 사람이 온라인에 적은 내용을 토대로 한 것이라 회의장 발표문과 글자 그대로 동일하지는 않을 수 있다. 너무나 매력적이고 항상 흥미로운 찰리 멍거에 관해서 추가적인 읽을거리를 찾으시는 분을 위해 책의 뒤편에 출처와 그에 상응하는 웹사이트의 목록을 기재했다.

들어가는 말

—

미국 금융 역사에서 찰리 멍거는 역설에 쌓인 유명한
수수께끼입니다. 찰리는 모순적이면서도 수수께끼 같
은 인물이죠. 워런 버핏Warren Buffett은 찰리에 대해 이렇
게 이야기했습니다.

찰리의 가장 중요한 건축학적 위업은 오늘날 버크
셔가 있도록 디자인을 한 것이다. 그가 내게 준 계
획은 간단했다. 적당한 사업을 좋은 가격에 사는 것
은 잊어라. 대신 훌륭한 사업을 적당한 가격에 구입
하라. 그러니 버크셔는 찰리의 계획대로 만들어졌다
고 말할 수 있다. 그 안에서 실제로 버크셔의 업무를
추진한 사람, 버크셔의 대리인인 자회사 혹은 계열사
의 대표이사 그리고 내 역할은 그 계획을 충실히 따
르는 것이었다.

대학에서 기상학자와 변호사가 되는 교육밖에 받지 않은, 경제학, 마케팅, 금융, 혹은 회계와 관련된 수업은 단 한 번도 받지 않은 찰리가 어떻게 20세기와 21세기의 가장 위대한 비즈니스를 이끌고 투자 천재 중 한 사람이 될 수 있었을까요? 바로 그것이 수수께끼의 핵심입니다.

찰리는 세계 대공황이 시작되기 직전인 1924년 1월 1일, 네브라스카의 오마하에서 태어났습니다. 그 당시의 첨단 과학 기술은 라디오와 비행기였죠.

당시 버나드 바루크Bernard Baruch라는 자본가가 월스트리트의 제왕이었습니다. 그리고 주식에 투자한 대부분의 사람이 부자가 되던 때였습니다. 찰리의 부친은 오마하에서 제일가는 비즈니스 변호인의 한 사람이었으며, 그가 담당한 의뢰인에는 네브라스카주의 경제를 이끄는 사업가 다수가 포함되어 있었습니다.

찰리는 던디라는 소도시에서 어린 시절의 대부분을 독서(그 시절의 TV이자 비디오 게임이죠)를 하며 보냈습니다. 워런 버핏의 가족도 던디 지역에 살고 있었습니다. 던디는 평화롭고 매우 작고 서정적인 도시였습니다. 찰리는 책 속에서 던디보다 훨씬 큰 세상을 보았습니다.

찰리와 워런은 7살의 나이 차이는 있었지만, 같은 초등학교와 같은 고등학교에 다녔습니다. 찰리의 첫 번째 직장은 워런의 할아버지가 소유했던 '버핏네 식료품 가게'였습니다. 그 가게는 아직도 던디의 중심부에서 영업하고 있습니다.

찰리는 버핏네 식료품 가게에서 비즈니스의 세계를 처음 접했습니다. 그곳에서 재고 목록을 작성하고, 선반에 제품을 채워 넣고, 고객을 접대하고, 정시에 출근하는 것의 중요성을 배웠습니다. 또한 비즈니스의 생명과 다름없는 현금을 보관하는 금전 등록기 작동 방법을 배우기도 했습니다.

1930년대의 오마하에는 다양한 이민자 마을이 있었습니다. 이탈리아인, 그리스인, 아프리카계 미국인, 아일랜드인, 프랑스인, 체코인, 러시아인 마을은 물론 중국인 마을도 있었습니다. 이민자의 대부분은 유니언퍼시픽철도회사Union Pacific Railroad와 오마하에 몰려 있던 정육 공장에서 일했습니다. 찰리는 그런 이민자의 자녀들과 함께 공립 학교에 다녔으며, 그 결과 다양한 문화는 물론 그곳의 이민자들이 자기 자녀가 자신보다 나은 삶을 영위할 수 있도록 믿기지 않을 만큼 성실하게 일을 하려는 의지가 있음을 알게 되었습니다. 그리고 그들이 지닌 상업적인 재능을 보며 감사한 마음을 가졌죠.

찰리는 종종 버크셔 해서웨이의 연례 주주 총회에서 상황이 얼마나 나빠질 수 있는지를 상기시키는 수단으로 대공황의 참상을 이야기하곤 합니다. 하지만 오마하는 대공황 시기에 미국의 다른 곳만큼 고난을 겪지 않았습니다. 유니언퍼시픽과 벌링턴Burlington의 주요한 철로 두 개가 만나는 곳이자, 세계에서 두 번째로 큰 가축 도축장인 유니언스톡야드Union Stock Yards가 위치한 곳이기 때문이죠. 가축과 교통이 집중되어 있으니 오마하에는 커다란 정육 공장이 모였으며, 남쪽 지역에는 수많은 정육 가공 처리 공장이 세워졌습니다. 미국이 대공황을 겪는 중이라고 해도 어쨌든 사람들은 먹어야 했고, 매일 오마하에서는 최대 2만 마리의 돼지, 양, 그리고 소가 도착했습니다. 이 가축은 도살, 정육, 포장되어 미국의 다른 도시로 배송되었습니다. 가축 수용소는 힘든 시기에도 수많은 경제적 활동을 창출했습니다.

미국 최대의 건설 회사 중 한 곳인 키윗건설사Kiewit Construction Company는 오마하에서 설립되었습니다. 이 회사가 맡았던 첫 번째 대형 건설 사업 중 하나는 바로 유니언스톡야드를 위해 가축 거래소 건물을 건설하는 것이었습니다. 피터 키윗Peter Kiewit은 찰리와 워런 두 사람 모두에게 커다란 영향을 끼친 사업가이며 오늘날 버크셔의 본사는 키윗플라자 안에 위치하고 있습니다. 그리고 찰리는 지역의 유수 신문사를 보유한 히치콕 가문Hitchcock family과 지역에서 가장 큰 은행을 소유했던 쿤츠 가문Kountze family의 고문 변호사였던 부친으로부터 오마하의 가장 저명한 사업가들의 비즈니스에 대해 배울 수 있었습니다.

고등학교를 졸업한 17살의 찰리는 수학을 공부하기 위해 미시건대학University of Michigan에 입학했습니다. 진주만 공격이 발발하고 일 년 뒤 대학을 중퇴하고 미육군항공대학에 입대했습니다. 그때 찰리의 나이는 19살이었습니다. 육군은 찰리를 캘리포니아 패서디나에 있는 캘리포니아 공과대학으로 보내 기상학을 공부하도록 했습니다. 그곳에서 뭉게구름과 새털구름의 차이점을 배웠고 남부 캘리포니아의 화창한 날씨에 빠져들었습니다.

당시 10대였던 워런 버핏은 집에서 자전거만 타면 금방 이었던 악사벤Ak-Sar-Ben 경마장에서 확률과 개연성에 관해 배우느라 바빴고, 찰리 멍거는 육군 동료들과 포커를 치며 투자에서 중요한 기술 하나를 익히고 있었습니다. 바로 패가 자신에게 불리할 때는 판을 접고, 유리할 때 많은 돈을 거는 방법이었습니다. 나중에 찰리는 이 전략을 투자에 접목했습니다.

전쟁이 끝난 뒤, 대학 졸업장이 없었던 찰리는 아버지가 졸업한 하버드 로스쿨에 입학지원서를 제출했지만, 대학 졸업장이 없어 입학할 수 없었습니다. 그러나 하버드 로스쿨에서 학장으로 은퇴한 네브라스카 토박이이자 가족의 친구가 학교에 전화를 걸자, 가까스로 로스쿨에 입학할 수 있었습니다. 찰리는 로스쿨에서 뛰어난 성적을 거뒀고 1948년 차석으로 졸업했습니다. 찰리는 높은 지위에 있는 친구들을 두는 것의 중요성을 잊은 적이 없습니다.

로스쿨을 졸업한 찰리는 로스앤젤레스로 돌아가 그곳에서 유명한 로펌에 입사했습니다. 20세기폭스사, 모하비 사막의 광산 사업체, 그리고 다양한 부동산업체의 업무를 처리하며 비즈니스에 대해 많이 배웠습니다. 이 시기 찰리는 또한 농기계와 중장비를 만드는 인터내셔널 하베스터 대리점의 책임자로 지내며 힘들게 운영되는 사업체를 바로잡는 것이 얼마나 어려운 일인지 처음 배우게 되었습니다. 하베스터 대리점은 값비싼 재고 물품을 보유하기 위해 많은 자본이 필요했고, 그 자본의 대부분을 은행 대출로 조달했습니다. 몇 번의 불경기를 겪은 후, 재고 물품 유지비는 해당 사업을 엉망으로 만들었습니다. 하지만 그 사업체가 유지비를 줄일 목적으로 재고를 줄이면 판매할 수 있는 물건을 보유하지 못하게 되고, 그렇게 되면 고객이 재고를 보유한 경쟁 업체로 갈 것이 뻔했습니다. 문제가 많고, 쉬운 해결책이 없는 어려운 사업이었습니다.

찰리는 이 시기에 비즈니스에 관해 많은 생각을 했습니다. 찰리는 사람들에게 그들이 알고 있는 최고의 사업이 무엇인지 묻는 습관이 생겼습니다. 그리고 자신이 일하던 부유한 로펌의 부자 고객 무리에 낄 수 있기를 갈망했습니다. 회사에서 근무하며 매일 한 시간은 자신의 부동산 프로젝트에 시간을 할애하기로 결심했고, 일주일에 다섯 시간 이상을 부동산 투자에 사용했습니다.

찰리는 제일 처음 만든 종자돈 100만 달러가 가장 어렵게 번 돈이라고 말합니다. 그리고 바로 이 시기 찰리는 변호사 업무로는 진정한 부자가 될 수 없음을 깨달았습니다. 백만장자가 되기 위해서는 새로운 일을 해야 함을 깨달은 것입니다.

1959년 여름, 부친의 유산을 정리하기 위해 오마하를 방문했던 찰리는 시내 중심가의 '오마하 클럽'에서 오랜 두 친구를 만나 점심 식사를 함께 했습니다. '오마하 클럽'은 낮에는 식사가 가능하고 저녁에는 술과 시가를 판매하는 클래식한 사교 클럽이었습니다. 점심 식사를 함께 한 찰리의 두 친구는 자신들이 투자한 합작사를 운영하고 있는 다른 친구를 찰리가 좋아할 것이라 생각했습니다. 그래서 워런 버핏이라는 이름의 젊은 친구를 대동하고 식사 자리에 나왔습니다.

찰리와 워런이 만나자마자 서로에게 호감을 가졌습니다. 워런은 투자의 천재 벤자민 그레이엄Benjamin Graham에 관한 전형적인 비판으로 말을 시작했습니다. 찰리는 그레이엄에 관해 이미 알고 있었기에, 두 사람의 대화는 곧바로 사업과 주식으로 이어졌습니다. 둘은 어찌나 치열하게 대화했던지 다른 두 친구가 집으로 돌아간 것을 나중에야 알아차릴 수 있었습니다. 그때의 대화에서 찰리와 워런의 브로맨스, 찰리와 워런의 매우 유익하고 오랜 관계가 시작되었습니다. 그 후 며칠간 두 사람은 서로 만나지 못해 안달이 났습니다. 그리고 어느 날 저녁, 찰리는 워런에게 자신이 워런이 소유하고 있는 투자 합작회사와 같은 것을 캘리포니아에서 열 수 있을지 물었습니다. 워런은 안 될 이유가 없다고 답했습니다.

　캘리포니아로 돌아온 찰리는 2년간 일주일에 몇 차례씩 워런과 전화로 대화했습니다. 그리고 1962년, 마침내 퍼시픽코스트 주식거래소에서 투자자로 일을 하던 오랜 포커 친구와 함께 투자 파트너십을 시작했습니다. 또한 멍거, 톨스, 힐스앤우즈Munger, Tolles, Hills and Woods라는 새로운 로펌도 시작했습니다. 3년 뒤에는 투자에 매진하기 위해 변호사 업무를 중단했습니다.

찰리의 투자 파트너십은 워런의 것과 다른 점이 한 가지 있었습니다. 찰리는 부채를 활용한 투자를 마다하지 않았습니다. 특히 시장 사이의 가격 차이를 이용해 이익을 내는 차익거래(재정거래)를 선호했습니다. 차익거래의 한 사례는 '브리티시컬럼비아파워British Columbia Power, BCP'와 관련 있었습니다. BCP는 캐나다 정부에 인수당하는 과정에 있었고, 인수 예정 금액은 주식 한 주당 22달러였습니다. 당시 BCP의 주식 가격은 주당 19달러였습니다. 기업 인수 덕에 주당 가격이 22달러까지 오를 것이라 생각한 찰리는 파트너십의 모든 자산과 자기 자산 그리고 그가 빌릴 수 있는 모든 돈을 합해 매입할 수 있는 한도만큼 BCP 주식을 매입했습니다. 결국 BCP는 주당 22달에 인수되었으며, 찰리는 엄청난 이익을 취했습니다.

1960년대 중반, 찰리와 워런은 핑크 시트Pink Sheet(인터넷 시대가 도래하기 전, 핑크색 종이에 장외거래 주식의 가격을 표기한 일간 인쇄물)를 꼼꼼하게 살피며 주식 값이 저렴한 좋은 회사를 찾는 데 여념이 없었습니다. 그렇게 찾아낸 회사 중 하나가 블루칩스탬프Blue Chip Stamp라는 경품권 회사였습니다. 다른 사업체들이 고객에게 나눠주기 위해 블루칩의 경품권을 구매했고, 그 고객은 경품권을 추후에 블루칩이 제공하는 상품으로 교환했습니다. 마일리지 제도의 초기 형태라 할 수 있습니다. 찰리가 이 회사에 관심을 갖게 된 것은 블루칩이 플로트float, 유동 자금라 불리는 현금을 보유하고 있었기 때문입니다. 이 플로트는 경품권을 판매하는 시점과 고객이 경품권을 상품으로 교환하는 시점 사이의 시간차에서 만들어졌습니다. 블루칩의 주식 가격이 매력적이었던 이유는 미국 정부가 이 회사를 상대로 독점금지 조치의 소를 제기했기 때문이었습니다. 변호사의 입장에서 찰리는 이 소송은 블루칩에게 유리한 방향으로 끝날 것이라 생각했습니다. 그리고 정말 그렇게 끝이 났습니다. 찰리는 워런과 함께 본인의 파트너십과 버크셔를 통해서 결국 블루칩을 인수했고 본인이 회사의 회장이 되었습니다. 1970년대 말에 이르러 블루칩의 플로트는 약 1억 달러에 이르렀으며, 이 돈으로 찰리와 워런은 본격적인 투자를 할 수 있었습니다.

세월이 흘러 블루칩의 비즈니스 모델은 무용지물이 됐습니다. 블루칩의 경품권 판매도 줄었습니다. 1970년에 1억 2,600만 달러였던 판매량이 1990년에는 150만 달러까지 추락했습니다. 그러나 블루칩의 전성기 시절, 찰리의 지휘 아래 이 회사는 여유 자금으로 씨즈캔디See's Candies의 지분 100%를 인수했고, 저축 계좌와 대출 상품을 보유한 웨스코Wesco라 불리는 금융사의 지분 80%를 인수했습니다. 마치 워런이 버크셔의 망해가는 직물 사업을 정리하여 번창하던 보험사 내셔널인뎀니티National Indemnity를 인수한 것처럼, 찰리도 블루칩 스탬프의 여유 자금으로 수익성 있는 사업에 투자한 것입니다. 블루칩 스탬프는 결국 버크셔 해서웨이에 흡수되었습니다.

찰리는 1968년에 퍼스트맨하탄 투자회사를 운영하던 데이비드 '샌디' 고츠먼David 'Sandy' Gottesman 그리고 워런과 힘을 합쳐 다이버시파이드리테일링컴퍼니Diversified Retailing Company, DRC를 설립했습니다. DRC는 볼티모어에 위치한 백화점 혹스차일드 콘Hochschild Kohn을 1,200만 달러에 매입했습니다. 매입 자금의 반은 은행 대출이었습니다. 혹스차일드 콘을 헐값에 사기는 했지만, 백화점 자체로는 경쟁 우위가 없었기에 경쟁력을 잃지 않기 위해 귀중한 자본을 계속적으로 지출해야만 했습니다. 찰리와 다른 두 사람은 의류 소매업이 얼마나 어려운 사업인지 재빨리 깨달았습니다. 재고의 가치가 하락하지 않는 보석이나 카펫 사업과는 달리 의류 소매업은 계절이 바뀔 때마다 모든 재고가 쓸모없어졌습니다. 3년간 형편없는 실적을 낸 후, 세 사람은 혹스차일드 콘 백화점을 매각했습니다.

이 시기, 찰리는 커다란 자본을 요구하지 않고, 사업을 확장하거나 새로운 사업체를 매수하는 것 등의 재투자에 쓰일 수 있는 많은 양의 자유로운 현금을 가진 사업체에 투자하는 것의 장점을 이해하기 시작했습니다.

1961년에서 1969년 사이, 찰리의 투자 파트너십은 평균 연간 수익률 37.1%의 놀라운 성과를 냈습니다. 1973부터 1974년의 불황은 찰리에게 아픔을 선사했지만, 1975년 찰리가 펀드를 마감했을 때 펀드의 자산은 결국 1,000만 달러로 불어났습니다. 14년의 운영 기간 중 연간 평균 수익률은 24.3%를 기록했습니다. 흥미로운 점은 이 펀드의 마지막 몇 해 동안 찰리가 단 몇 개의 종목에 투자를 집중하는 방식으로 포트폴리오를 운용했다는 것입니다. 블루칩 스탬프 하나에만 해당 펀드 투자 금액의 61%가 쓰였습니다. 찰리는 투자 전략의 일환으로 분산 투자를 좋아한 적이 없습니다.

1972년 찰리의 투자 파트너십이 내린 투자 결정 중 하나는 투자자 릭 게린Rick Guerin과 함께 펀드오브레터스Fund of Letters라는 폐쇄형 투자 펀드의 지배 지분을 확보한 것입니다. 찰리와 릭은 그 펀드의 이름을 재빨리 뉴아메리카펀드New America Fund로 고쳤습니다. 투자 파트너십이 매각되었을 때 파트너들은 뉴아메리카펀드의 주식을 받았는데, 이 펀드는 찰리가 선택한 투자를 바탕으로 게린이 운용했습니다. 1977년 뉴아메리카펀드는 데일리저널코퍼레이션Daily Journal Corporation을 250만 달러에 매입했고 찰리는 이 회사의 회장이 되었습니다. 데일리저널코퍼레이션은 로스앤젤레스 데일리저널과 샌프란시스코데일리저널 등의 신문과 잡지를 출간하는 캘리포니아 회사입니다. 찰리와 게린이 뉴아메리카펀드를 청산했을 때 이 펀드의 투자자들은 데일리저널코퍼레이션의 주식을 받았습니다. 그리고 데일리저널코퍼레이션은 비상장 장외 주식이 되었습니다. 오늘날 데일리저널의 주주 중 상당수가 찰리의 첫 번째 투자 파트너십에 투자하여 40년을 넘게 함께한 것입니다.

1979년 찰리는 버크셔 해서웨이의 첫 번째 부회장이 되었습니다. 1983년 블루칩 스탬프는 버크셔 해서웨이에 흡수되었고 찰리는 웨스코의 대표를 맡았습니다. 두 개의 직위를 갖게 된 찰리는 워런이 투자와 경영의 결정을 내리는 것에 도움을 주었습니다. 찰리와 워런이 함께 경영한 버크셔 해서웨이는 1984년 순수익 1억 4,800만 달러에 주당 가격 1,272달러를 기록했고, 2016년에는 순수익 대략 240억 달러에 주당 가격 21만 달러의 회사가 되었습니다.

2017년 현재, 92세의 찰리는 시가총액 3,620억 달러인 버크셔 해서웨이의 부회장이자 데일리저널코퍼레이션의 회장으로 재직 중이고 그의 자산은 20억 달러를 넘었습니다. 워런은 지난 57년의 긴 시간 동안 본인의 투자 스타일에 영향을 끼친 찰리를 이렇게 얘기합니다.

"찰리는 벤 그레이엄이 제게 가르친 것처럼, 저렴하다는 이유만으로 주식을 매수하지 않도록 저를 이끌었습니다. 그게 진정으로 찰리가 제게 끼친 영향력입니다. 그레이엄의 제한적인 시각에서 벗어나기 위해서는 강력한 힘이 필요했습니다. 그 힘이 바로 찰리의 투자 철학입니다."

Part I

—

투자

1
투자

FAST MONEY

The desire to get rich fast is pretty dangerous.

—

일확천금

빨리 부자가 되려는 욕망은 무척 위험하다.

＊

빨리 부자가 되려고 하는 것은 어떤 주식이나 다른 자산의 단기 가격 방향에 도박을 하는 것과 다름없기 때문에 위험합니다. 같은 도박을 하는 사람은 굉장히 많은데, 그중에는 남보다 훨씬 양질의 정보를 가진 사람들이 있죠. 또한 모든 증권 또는 파생상품 계약의 단기 가격 방향성은 본질적인 비즈니스 혹은 자산의 실질적인 장기 가치와 전혀 상관없는 사건에 의해 커다란 가격 변동을 겪을 수 있습니다.

마지막으로, 대출 문제도 있습니다. 사람들은 빠르게 부를 쌓기 위한 방법으로, 종종 대출이나 채무를 사용해 작은 가격의 변동을 엄청난 이윤으로 증폭시키려고 합니다. 만약 일이 잘못된다면 가격 변동은 치명적인 손실로 이어질 수도 있습니다. 일이 잘 될 거라는 생각으로 대출을 받아 주식을 구입했다고 합시다. 그런데 9.11처럼 끔찍한 사건이 발생해서 주식 시장이 폭락이라도 하게 되면 한 번에 쪽박을 차게 됩니다.

찰리는 일찍이 거액의 대출을 받아 주식 차익거래를 했지만, 나이를 먹어가며 자신을 커다란 위험에 몰아넣고 있다는 것을 깨달았습니다. 그래서 현재는 부채를 지는 것을 어떻게든 피하려 합니다. 그리고 단기적인 주식 가격 변동이 아닌 기업의 장기적인 발전 가능성에 투자하고 있습니다.

CIRCLE OF COMPETENCE

Knowing what you don't know
is more useful than being brilliant.

—

능력 범위

무엇을 모르는지 아는 것이
천재적인 것보다 유용하다.

여기서 찰리가 말하고자 하는 것은, 우리가 무엇을 모르는지 자각하고 그 깨달음을 바탕으로 제대로 이해하지 못하는 사업에 투자하는 일을 멀리하라는 것입니다.

1990년대 후반 기술 관련주에서 상승장의 고점이 형성되었을 때, 수많은 똑똑한 사람들이 인터넷 관련주에 투자해야 한다는 유혹에 빠졌습니다. 찰리는 자신의 '능력 범위circle of competence'를 잘 알고 있었기에, 본인이 새로운 인터넷 비즈니스를 이해하지 못한다는 사실을 자각했습니다. 그래서 자신은 물론 버크셔 해서웨이가 인터넷 관련주에 투자하는 것을 막을 수 있었습니다.

많은 월스트리트 사람이 찰리가 투자 감각을 잃었다고 생각했습니다. 하지만 마침내 버블이 터지고, 인터넷 관련주의 주가가 폭락하고, 주식 가격이 떨어졌죠. 많은 이가 거금을 잃고 나서야 찰리가 투자하지 않은 것이 현명한 판단이었음을 깨달았습니다.

AVOID BEING AN IDIOT

People are trying to be smart—
all I am trying to do is not to be idiotic,
but it's harder than most people think.

_

바보가 되지 않는 법

사람들은 똑똑해지려고 노력한다.

나는 그저 멍청해지지 않으려고 노력한다.

그런데 그게 사람들이 생각하는 것보다 힘들다.

찰리의 투자 철학은 주식 시장이 종종 한 회사의 장기적인 가치를 보지 못하고 근시안적인 시각으로 대하기 때문에 저평가된 주식이 생긴다는 이론에 입각해 있습니다. 찰리는 저평가된 주식을 발견하면 그 주식을 매수해 장기간 보유하며 해당 사업의 근저에 놓인 경제적 조건이 주식 가격을 끌어올리기를 기다렸습니다.

찰리는 투자자가 주의해야 할 단 한 가지는 멍청한 짓을 하지 않는 것이라고 합니다. 이때 '멍청한 짓'은 대체로 태만의 죄를 저지르는 것입니다. 이를테면 좋은 투자 기회를 발견했음에도 행동으로 옮기지 않거나, 기회임이 분명한데도 해당 주식을 너무 적게 사는 일입니다. 그런데 그러지 않기가 생각보다 실로 어렵습니다.

WALKING AWAY

Life, in part, is like a poker game,
wherein you have to learn to quit sometimes
when holding a much-loved hand—
you must learn to handle mistakes and new facts
that change the odds.

—

물러서는 법

삶은, 어떻게 보면, 포커판과 같다.
무척 좋은 패를 쥐고도 판을 접을 줄 알아야 한다.
실수, 그리고 확률을 바꾸는 새로운 사실을
다룰 줄 알아야 한다.

찰리는 이런 상황을 프레디 맥Freddie Mac에서 경험했습니다. 버크셔가 1980년대에 주식을 매수할 당시, 프레디 맥은 보수적으로 잘 관리되는 수익성 있는 기업이었습니다. 시간이 흘러, 경영진은 회사의 준정부기관 지위를 사용하여 공격적으로 단기 채무를 들여와 이를 장기 대출로 제공하는 새로운 사업으로 뻗어나갔습니다. 훗날 리먼 브라더스Lehman Brothers가 이와 같은 방식으로 금융 자산을 운용하다가 파산했습니다.

버크셔는 엄청난 리스크 증가와 프레디 맥 경영진의 태도 변화를 감지하고, 1999년 아끼던 주식을 처분했습니다. 2008년에 이르러 프레디 맥은 법정 관리에 들어갔고 오래된 경영진은 해고되었으며, 주가는 추락했습니다. 찰리는 언제 패를 쥐어야 하고, 언제 패를 버려야 하는지, 또 언제 물러서야 하는지 아는 사람입니다.

EASY SHOOTING

My idea of shooting a fish in a barrel
is draining the barrel first.

—

손쉬운 낚시

어항 속 물고기를 잡아야 한다면,
나는 어항의 물부터 뺄 것이다.

주식 시장은 때때로 근시안적입니다. 그래서 거부하기 힘든 너무나도 명백한 투자 기회를 제공합니다. 이런 상황은 보통 주식 시장에 공황이 발생하여, 투자자들이 모든 곳에서 자금을 회수하면서 발생합니다. 장기적으로는 수익을 가져다 줄 곳들에서 조차도요. 이런 도주는 어항의 물을 빼는 것과 같습니다. 주식 가격이 하락하면 물고기, 즉 저평가된 뛰어난 비즈니스를 발견하기가 쉬워집니다.

REVELATION

Once we'd gotten over the hurdle of recognizing
that a thing could be a bargain based on quantita-
tive measures that would have horrified Graham,
we started thinking about better businesses.

—

깨달음

그레이엄이라면 몸서리를 쳤을 양적 방법론에 근거해
어떠한 물건을 싸게 구입할 수 있음을 깨달으니,
더 나은 비즈니스를 생각할 수 있었다.

벤저민 그레이엄은 가치 투자의 원로였으며, 워런 버핏의 스승이자 멘토였습니다. 그에게 가치 투자란 주식을 내재 가치보다 저렴하게 매수하는 것을 뜻합니다. 이는 장부 가격의 절반 정도의 수준에서 거래되는 주식 또는 주가수익률PER이 아주 낮은 주식을 선호했다는 뜻이죠. 1933년부터 1965년 사이의 기간에는 누구든 그런 주식을 열심히 노력하면 찾을 수 있었습니다.

그레이엄 투자 철학의 문제점은 주식이 본질적인 가치에 도달했을 때 투자자가 소유주식을 매도할 것을 요구한다는 점입니다. 한 회사를 20년간 혹은 더 오래 소유하고 그 사업의 근본적인 자본 환경이 회사를 키우고 주식 가격을 올린다는 개념이 없었던 것입니다.

찰리와 워런은 어떤 사업은 경제적 조건이 갖춰져 있어 사업의 본질적인 가치가 시간이 흐르며 증가한다는 것을 깨달았습니다. 이러한 뛰어난 회사의 보통주는 상승하는 비율의 이자(이익)가 결합된 주가연계채권과 같습니다. 예를 들어 버크셔 해서웨이가 1988년에 코카콜라의 주식을 매수하기 시작했을 때(편의를 위해 수치를 조절함), 코카콜라 주식은 하나당 0.18달러의 이익을 올리고 있었으며 주당 이익의 증가 비율은 매년 약 16%를 기록하고 있었습니다. 버크셔는 대략 주당 3.24달러를 지불했고 이는 주가수익률 18배를 뜻하는 것으로 그레이엄과 같은 사람의 입장에선 너무 높았습니다. 하지만 찰리와 워런은 그레이엄이 보지 못한 것을 보았습니다. 코카콜라의 장기적인 사업 경쟁력은 주가수익률 18배를 더 낮게 만든다는 점입니다. 그들은 코카콜라의 주식을 5.55%의 초기 수익률(주당 이익 0.18달러를 주당 가격 3.24달러로 나누면 5.55%)을 내는 주가연계채권과 비슷하다고 보았습니다. 그리고 이 수익률은 주당 이익이 증가함에 따라 계속 상승합니다. 그리고 시간이 흐르면 시장은 코카콜라의 이익 증가에 따라 회사 주식의 가격을 올려놓을 것입니다.

그럼 버크셔는 어떻게 되었을까요? 버크셔는 1988년 코카콜라에 12억 9,900만 달러를 투자했고 지난 20여 년이 흐르는 사이 이 초기 투자금은 170억 1,840만 달러의 가치를 지니게 되었습니다. 이는 연평균 성장률 10.04%를 뜻하는 것으로, 그 기간 사이의 배당금은 포함하지 않은 금액입니다. 2015년 한 해에만 코카콜라는 버크셔에 5억 2,800만 달러를 배당금으로 지불했고 이는 버크셔가 처음 투자한 12억 9,900만 달러의 40%에 달합니다. 차후 5년간 코카콜라는 버크셔에게 대략 26억 4,000만 달러를 배당금으로 지불할 것입니다. 코카콜라 사업은 정말 잘 되고 있고, 버크셔의 자산도 마찬가지입니다.

GRAHAM'S ERROR

Ben Graham had a lot to learn as an investor.
His ideas of how to value companies were all
shaped by how the Great Crash and the Depres-
sion almost destroyed him. ... It left him with an
aftermath of fear for the rest of his life, and all his
methods were designed to keep that at bay.

—

그레이엄의 오류

벤저민 그레이엄은 투자자가 된 후 많은 것을 배워야만
했다. 기업 가치 평가에 대한 그의 모든 생각은 자신을
거의 파괴했던 대폭락과 대공황의 영향을 받았다. …
대공황은 그레이엄의 여생에 공포의 후유증을 남겼고
그의 모든 방법론은 그 공포를 방지하도록 고안되었다.

1929년 10월 29일의 주식 시장 폭락은 그레이엄에게 가혹했으며, 1932년에 이어진 폭락은 엄청난 충격이었습니다. 1929년의 폭락 이후, 주식 가격이 반등하기 시작해 1931년에 이르러 상승폭이 30%에 이르렀습니다. 1932년의 폭락은 완전히 예상 밖의 일이었으며 20세기 최악의 폭락이었습니다. 종합주가는 89%나 하락했습니다. 만약 1929년 9월 3일 다우존스 지수에 1,000달러를 투자했다면, 1932년 7월 8일 그 돈은 109달러로 쪼그라들었을 겁니다.

이후 그레이엄은 자신을 보호하기 위해 '안전마진Margin of Safety'이라는 개념을 개발합니다. 파산의 공포를 극복하기 위해 채권 분석에서 차용한 아이디어인데, 그 본질은 가치를 평가할 때 수치적인 접근을 하는 것입니다. 그레이엄은 주식 한 주의 가격을 장부 가격과 비교하여 장부 가격보다 싸게 팔리는 회사를 찾았습니다. 현재 주가와 장부 가격을 비교하는 방법을 이용하여 사업을 통째로 구입하는 접근 방식을 채택했습니다. 예를 들어, 어떤 회사 전체의 가치평가가 1,000만 달러라고 가정하면, 그레이엄은 주식 시장에서 그 회사의 주당 가격을 조사합니다. 만약 그 회사가 100만 주의 주식을 발행했으며 주당 가격이 6달러라면, 그는 주식 시장이 그 회사 전체를 600만 달러로 평가하고 있다고 파악합니다. 이 경우 회사의 본질적인 가치는 1,000만 달러이니 400만 달러의 안전마진을 갖게 됩니다. 따라서 주식 시장이 폭락한다고 해도, 1,000만 달러에 달하는 회사의 실제 가치가 결국 주식 가격을 다시 올려놓을 것이라 믿는 것이기도 합니다.

그레이엄 투자 철학의 단점은 주식 가격이 처음 계산했던 본질적인 가치에 도달하면 그 종목을 청산해야 한다는 것입니다. 찰리와 워런처럼 주식을 30년 혹은

40년간 장기 보유한다는 개념이 없습니다. 만약 그레이엄이 버크셔 해서웨이가 장부 가격의 반값에 팔리던 1974년에 회사를 구입했다면, 아마 장부 가격 이상이 된 1980년에 정리했을 겁니다. 그럼 2016년 버크셔 해서웨이의 주식이 주당 21만 달러에 팔리는 기회를 잡지 못합니다. 그레이엄의 투자 철학은 투자자가 돈을 벌고 손실을 입지 않도록 고안되었습니다. 그러나 역으로 그것이 10년, 20년, 혹은 그 이상의 기간에 걸쳐 위대한 비즈니스가 창출하는 복합적인 효과의 혜택을 경험하지 못하게 만듭니다.

8
—
투자

SITTING ON YOUR ASS

Sit on your ass investing.
You're paying less to brokers,
you're listening to less nonsense, and if it works,
the tax system gives you an extra one, two, or
three percentage points per annum.

—

깔고 앉기

투자하면 오랫동안 깔고 앉아라.
수수료를 덜 내고 브로커의 허튼소리를 덜 듣게 된다.
또 투자가 잘 될 때 해마다 1, 2 또는 3%의
세금 혜택을 볼 수도 있다.

찰리는 무수히 매수, 매도하며 시장 동향을 예측하는 것보다 경제적 조건이 좋은 사업을 매수하여 오래도록 보유하는 것이 더 낫다고 봅니다. 쉴 새 없이 사고팔면 세금을 계속 내야 합니다. 한 종목을 20년 동안 보유하면 세금을 딱 한 번 내면 되며, 찰리는 그것이 매년 대략 1~3%의 세금 혜택을 보는 효과가 있다고 말합니다.

3% 차이가 그리 많지 않아 보일 수 있습니다. 그런데 실제로 계산해 보면 생각이 달라질 겁니다. 100만 달러의 투자금이 매년 4%의 수익을 내면 20년 후 219만 1,123달러가 됩니다. 3%p를 더하면(4%+3%=7%) 100만 달러의 투자금은 20년간 7%의 수익을 내며, 20년 후 386만 9,684달러가 됩니다.

찰리는 자본 환경이 훌륭한 비즈니스에 시간은 좋은 친구일 가능성이 높고, 평범한 비즈니스에는 시간이 저주일 가능성이 높음을 압니다.

THE DAWNING OF WISDOM

Acknowledging what you don't know
is the dawning of wisdom.

—

지혜의 여명

모른다는 것을 인정하는 것이
지혜의 여명입니다.

더 현명해질수록, 아는 것이 많지 않다는 사실을 깨닫습니다. 무지를 인정하면 더 많이 배울 수 있게 됩니다. 무지를 인정할 때 지혜에 여명이 밝아옵니다.

찰리에 따르면 '능력 범위'라는 것이 있으며, 이는 본인이 이해하고 가치를 평할 수 있는 회사들로 이루어져 있습니다. 여기에는 본인이 알지 못하는 비즈니스를 제외시키는 것도 포함됩니다. 무지를 인정하면 투자를 하지 않거나, 더 공부하여 가치평가가 가능한 수준까지 이해를 높일 수 있습니다. 후자를 하면 그 비즈니스는 능력 범위 안으로 들어갑니다.

찰리는 살아가면서 능력 범위를 보험사, 은행, 신문사, 방송국, 제과사, 항공사, 공구 제작사, 제화사, 속옷 제조사, 전력 회사, 그리고 투자사로 넓혔습니다. 지혜에 도달하기까지 찰리가 걸은 길은 무지를 인정하고 그것을 바꾸기 위해 노력하는 것이었습니다.

ANALYSTS

In the corporate world, if you have analysts,
due diligence, and no horse sense,
you've just described hell.

—

애널리스트

사업의 세계에서, 분석력과 실사 능력은 있지만
기본 상식이 없다면, 그곳이 바로 지옥이다.

＊

제 생각에 여기서 찰리가 말하고자 하는 것은 무디스Moody's와 같은 신용평가사의 애널리스트가 어떤 채권의 신용등급을 새로 발표하면서, 그 신용등급 평가를 의뢰한 월가 투자은행으로부터 수백만 달러를 받고 있다면, 그 발표를 어느 정도 의심할 필요가 있다는 것입니다. 신용평가사는 투자은행의 금융 상품에 가능한 최고 등급을 매길 강력한 인센티브가 있습니다. 그 상품이 그런 고평가를 받을 자격이 없다고 해도 말이죠. 바로 그것이 부동산 시장 버블과 그에 이은 주식 시장 붕괴, 그리고 2007-2009년 대침체 발생에 일조했습니다. 오늘날의 문제는 신용평가사가 투자은행을 위해 장밋빛 그림을 그려줄 인센티브가 여전히 존재한다는 것입니다. 한 번 속으면 속인 사람이 뉘우쳐야 하지만, 두 번 속으면 속은 사람도 반성해야 합니다.

A MISPRICED GAMBLE

You're looking for a mispriced gamble.
That's what investing is.
And you have to know enough
to know whether the gamble is mispriced.
That's value investing.

—

가격이 잘못 매겨진 도박

가격이 잘못 매겨진 도박을 찾는 것.
그것이 투자다.
도박의 가격이 잘못 매겨졌음을 알려면
그만한 지식을 갖추어야 한다.
그것이 가치 투자다.

주가가 미래 가치와 어긋나 있을 때, 그 주식이 바로 가격이 잘못 매겨진 도박입니다. 주가가 가치보다 높으면, 주가가 회사의 장기적 전망을 과대평가하는 상황입니다. 반대로 주가가 가치보다 낮으면, 주가가 회사의 장기적 전망을 저평가하고 있다는 뜻이죠. 주가가 떨어지기 시작하면, 주식은 회사의 장기 전망에 비해 가격이 낮게 매겨집니다. 이때 이길 확률이 높으니 주식을 매수해야 합니다.

왜 이런 현상이 발생할까요? 시장을 주도하는 기관투자자(주로 뮤추얼펀드와 헤지펀드)의 근시안적인 본성 때문입니다. 이들은 향후 6개월간 주가가 어디로 향할지에 관심을 갖습니다. 찰리는 이와 달리 한 회사의 근저에 놓인 사업 조건이 향후 10년간 어느 방향으로 향하는지에 관심을 갖습니다. 가격이 잘못 매겨진 도박, 즉 매수의 기회는 바로 이 차이에서 만들어집니다.

DIVERSIFICATION

This worshipping at the altar of diversification,
I think that is really crazy.

–

분산투자

작금의 분산투자에 대한 숭배,
나는 그거야말로 미친 짓이라고 생각한다.

분산투자는 금융 컨설턴트와 증권 중개인이 형편없는 성적을 내는 것을 방지하는 수단이지만, 반대로 탁월한 실적을 내지 못하게 막습니다. 50개 혹은 그 이상으로 폭넓은 분산투자를 하면, 손실을 수익이 상쇄하고 마찬가지로 수익을 손실이 상쇄합니다. 분산투자는 기본적으로 시장 혹은 인덱스 펀드를 흉내내는 상황을 만듭니다. 분산투자를 권하는 상담사는 대박을 치지도 쪽박을 차지도 않습니다. 그저 무난할 뿐입니다.

찰리는 좋은 회사에 합당한 가격으로 투자하면, 보유 종목을 10개 미만으로 줄이면서도 여전히 예상치 못한 사업 실패로부터 보호받을 수 있고 10년에서 20년 동안 견조한 수익을 낼 수 있음을 알아냈습니다. 누군가 말한 것처럼, 너무 분산하면 동물원이 돼버립니다. 바구니 안에 달걀이 10개 있으면, 달걀을 유심히 지켜보기 훨씬 수월합니다.

WHEN TO BET HEAVILY

You should remember that good ideas are rare—
when the odds are greatly in your favor, bet heavily.

—

큰 베팅의 순간

좋은 투자 아이디어는 드물다는 것을 기억하라.
이길 확률이 정말 높다면, 크게 베팅하라.

＊

코앞에 굉장히 좋은 투자처가 있어도 대부분의 투자자는 소액만 찔끔찔끔 투자합니다. 그래서는 큰돈을 벌 수 없습니다. 그럼 언제가 기회일까요? 찰리는 어떤 거시경제학적 사건으로 주가가 폭락할 때 가능한 많이 매수합니다. 기억하세요. 찰리의 세계에서는 장기적인 성장 동력을 가진 회사에 투자하면, 주가가 떨어질수록 더 큰 기회가 열립니다. 찰리는 그럴 때 크게 베팅하라고 말하는 것입니다!

THE HERD

Mimicking the herd
invites regression to the mean.

—

대중

대중을 흉내내면 평균으로 퇴행한다.

여기서 찰리는 인덱스 펀드(특정 지수의 수익률을 추종하도록 만들어진 펀드)에 투자하면 평균적인 투자자보다 더 성공하기 힘들다고 말하는 것입니다. 절대 평균을 넘지 못할 것이고, 심지어 평균은 손실을 의미할 수도 있습니다. 상승장의 고점에서 인덱스 펀드를 매수하고 장이 하락하기 시작하면, 몇년간 돈을 잃을 수도 있습니다. 찰리의 세계에서는 다른 사람들이 매도할 때 매수를 해야 하는데, 대중을 따르면 그렇게 하기 힘듭니다.

FORESIGHT

I've never been able to predict accurately.
I don't make money predicting accurately.
We just tend to get into good businesses
and stay there.

—

선견지명

나는 뭔가를 정확히 예측한 적이 한 번도 없다.
나는 정확한 예측으로 돈을 벌지 않는다.
그저 좋은 비즈니스에 들어가 거기에 머물 뿐이다.

찰리는 날씨, 선거 결과, 경제, 주식 시장, 특히 주식 시장의 미래를 잘 예측하지 못했습니다. 주식 시장에서 어떤 일이 일어날 것이라고 경제지에서 떠드는 말을 찰리는 헛소리 취급했습니다. 찰리는 그저 좋은 비즈니스를 좋은 가격에 살 기회를 찾았습니다. 하지만 한 가지는 예견했습니다. 주식 시장에는 정신 차리기 힘들 정도의 호황과 급격한 주가 상승 시기가 있기 마련이고, 보통 그 뒤를 극심한 공황과 처참한 주가 폭락이 찾아온다는 것입니다. 그렇다면 그가 이런 순간이 언제 발생할지를 정확하게 예측할 수 있을까요? 그렇지는 않습니다. 그러나 그런 일이 일어난다는 것은 알기에 인내심을 가지고 기다리기만 하면 됩니다.

FINANCIAL CRISIS EQUALS OPPORTUNITY

If you, like me, lived through 1973–74 or even the early 1990s ... there was a waiting list to get OUT of the country club—that's when you know things are tough. If you live long enough, you'll see it.

—

위기와 기회

나처럼 1973~1974년 혹은 1990년대 초반을 살아간 사람이라면 알 것이다. 당시에 컨트리클럽 탈퇴 대기자 명단이 있었는데, 그걸로 상황이 어렵다는 것을 알 수 있었다. 오래 산다면, 그 상황을 볼 수도 있을 것이다.

미국은 1973~1974년 그리고 1990년대 초반의 경기 침체로 실업과 주가 폭락을 경험했습니다. 1973~1974년 불황의 원인은 유가 상승으로 24개월간 지속되었고, 다우존스 지수의 가치가 45% 하락했습니다. 1990년대의 경기 침체 역시 유가 상승이 원인이었지만, 건설업 불황을 초래한 1980년대의 건설 과열에 의한 것이기도 했습니다.

대침체가 시작되기 6년 전이었던 2001년, 찰리는 또 다른 경기 침체가 일어나리라는 것을 알았습니다. 2007년에서 2009년 사이, 경기는 침체되었고 주가는 떨어졌으며 다우지수의 가치는 54%나 하락했습니다. 찰리는 이러한 일이 일어날지 어떻게 알았을까요? 그는 주기적인 금융 위기가 자본주의의 섭리임을 알았습니다. 자기자본에 비해 차입금의 비율이 무척 높은 은행 시스템이 투기 광풍에 휩싸이면 굉장히 불안정한 버블을 생성하며, 끝내 그 버블이 터지며 경제 전체가 침체됩니다.

찰리의 매수 전략에 무작위적인 침체 또는 불황이 포함되어 있다는 것도 지적해 두고 싶습니다. 찰리와 워런 모두 침체나 불황을 기다리며 현금을 쌓아둡니다. 현금을 쥐고 있는 동안 해당 금액의 수익률이 낮은 것을 감내하면서요. 1990년의 침체에서 은행의 주식은 커다란 타격을 입었으며, 이에 버크셔는 웰스 파고Wells Fargo 은행 주식 500만 주를 2억 8,900만 달러에 매수했습니다. 오늘날, 그 500만 주는 주식 분할에 힘입어 4,000만 주가 되었고 대략 19억 달러의 가치를 지니고 있습니다. 이는 배당금을 제외하고 26년 동안 연평균 성장률 7.5%를 선사했습니다. 금상첨화로 초기 투자 금액인 2억 8,900만 달러가 현재 매년 배당금으로 5,920만 달러를 벌고 있습니다. 이는 초기 투자 금액의 20.4%가 매년 배당금으로 들어온다는 것을 뜻합니다.

CASH IS KEY

The way to get rich is to keep $10 million in your
checking account in case a good deal comes along.

—

현금의 중요성

좋은 기회가 올 것을 대비해 1,000만 달러를
통장에 넣어두는 것이 부자가 되는 방법이다.

∗

찰리는 1,000만 달러의 현금을 구비해 놓으라고 합니다. 버크셔는 좋은 기회를 기다리며 현금으로 72억 달러를 보유하고 있습니다. 현금 보유로 인한 형편없는 수익은 추후 우수한 사업체를 발견하여 오랫동안 높은 수익을 얻는 것으로 만회합니다. 이 부분이 멍거의 투자방법론이 자주 오해를 사는 지점이기도 합니다. 왜냐고요? 대부분의 투자자가 많은 양의 현금을 고이 모셔두고 그저 올바른 투자 기회를 기다리는 것이 우월한 투자전략이 될 수도 있다는 생각을 못하기 때문입니다. 그리고 이런 방식이 막대한 부를 창출할 있다는 것을 상상하지 못하기 때문입니다.

A DEMORALIZED GENERATION

"Thanks to the early 1930s and the behavior of
the capitalists in the robber-baron days … stocks
yielded dividends that were twice as much as the
interest rates on bonds. It was a wonderful period
to be buying stocks. We profited from others'
demoralization from the previous generation."

—

사기가 꺾인 세대

1930년대 초반의 상황과 강도남작 시대 자본가들의 행
태 덕분에, 주식의 배당금은 채권 이자율의 2배에 달
했다. 주식을 매수하기 너무나 좋은 시기였다. 우리는
이전 세대의 사기가 꺾인 사람들로부터 이윤을 얻었다.

＊

1929년과 1932년의 공황은 주가에 큰 타격을 주어, 1954년이 되어서야 다우존스 지수가 1929년의 고점을 회복했습니다. 많은 사람이 재산을 날렸고, 30년간 일반 투자자는 보통주라면 진저리쳤습니다. 주가 폭락을 겪은 많은 회사가 1940년대에 다시 이윤을 내기 시작했지만, 아무도 그 주식에 관심을 가지지 않았습니다.

투자자의 관심을 끌기 위해, 회사는 채권 수익의 2배에 달하는 배당금을 지불했습니다. 찰리와 워런은 배당금이 높고 장부 가치보다 가격이 낮은 회사의 주식을 매수하며 투자 경험을 쌓았습니다. 1950년대 후반 1960년대 초반에 보통주 투자가 다시 유행하자, 주가는 오르기 시작했고 찰리와 워런은 거부가 되었습니다.

1960년대 후반이 되자 좋은 가격에 팔리는 주식이 사라지기 시작했고, 1972년에 이르러서는 거의 사라졌습니다. 상승장이 모든 것의 가격을 올려버린 것입니다.

PATIENCE

I succeeded because I have a long attention span.

–

인내심

내 성공의 비결은 오랜 시간 주의를 기울일 수 있다는
것이다.

✳

투자자에게 인내심은 미덕이자 자산입니다. 대부분의
사람은 인내심이 그저 일부 투자처에 영원히 머무르며
그 가치가 오르길 차분하게 기다리는 것이라 생각합니
다. 찰리가 보기에 인내심은 현금을 쌓아두고 훌륭한
회사의 주식 가격이 떨어지길 차분하게 기다리는 것을
포함합니다. 여기에는 적절한 가격에 팔리는 훌륭한 회
사를 찾을 때까지 집중력을 유지하는 것도 들어갑니다.
변호사나 의사가 되기 위해 필요한 집중력 유지 기술
은 위대한 투자자가 되기 위해서도 똑같이 필요합니다.

STOCK PRICES

It is an unfortunate fact that great and foolish
excess can come into prices of common stocks in
the aggregate. They are valued partly like bonds,
based on roughly rational projections of use value
in producing future cash. But they are also valued
partly like Rembrandt paintings, purchased
mostly because their prices have gone up, so far.

주가

안타깝게도 대량의 어리석은 과잉이 전체 보통주의 가격에 영향을 주는 것은 사실이다. 보통주의 가치평가는 채권과 유사한 측면이 있다. 즉, 미래에 현금을 생산하는 사용 가치에 대한 대략적인 예상 추정치에 근거해 가치가 매겨진다. 하지만 보통주의 가치평가는 렘브란트의 그림처럼 이뤄지기도 한다. 지금까지 계속 가격이 올랐다는 사실에 근거해 가치가 정해지는 것이다.

찰리의 이 말은 무척 흥미롭습니다. 그 근저에는 찰리를 매우 부유하게 만든 사고 과정이 놓여 있습니다.

채권 가격: 일부(전부가 아닙니다) 회사는 상당히 일관된 이익과 수익 성장률을 창출하는 비즈니스를 합니다. 찰리와 워런은 그런 특별한 비즈니스의 보통주는 채권처럼 가치를 평가할 수 있다고 믿습니다. 한 회사가 주당 1달러의 수익을 내고 주당 10달러의 가격으로 팔리고 있다면, 그 주식은 수익율이 10%인 주가연계채권과 같다고 할 수 있습니다. 이 회사의 수익이 일 년에 5%씩 증가하면, 찰리와 워런은 연수익 10%에 성장률 5%인 주가연계채권을 매수했다고 주장할 겁니다. 두 사람은 주식을 수익률이 증가하는 주가연계채권, 즉 시간이 흐름에 따라 회사의 근본 가치가 상승하여 주식의 가치가 올라가는 주가연계채권으로 생각하는 것입니다.

렘브란트 그림의 비유: 거장의 그림이 거래되는 시장은 수요에 좌우됩니다. 그리고 이 수요는 종종 판매가의 상승 혹은 하락이 얼마나 빠른지에 따라 결정됩니다. 이와 똑같은 일이 주식 시장에서도 발생할 수 있습니다. 가격이 빠르게 오르는 주식은 더 많은 매수자를 끌어들이고, 빠르게 하락하는 주식은 더 많은 매도자를 부르기도 합니다. 자산 거품이 꺼지고 주식 수요가 말라버리면 사람들은 당장 현금 보유가 시급하기에 소유한 렘브란트의 그림과 주식을 헐값에 팔아치웁니다. 찰리와 워런이 보기에 위대한 기업의 '주가연계채권'을 매수할 시기는 모든 사람이 자기가 가진 렘브란트 그림을 팔아치우려고 할 때입니다.

EBITDA

I think that,
every time you see the word EBITDA,
you should substitute the word 'bullshit earnings.'

—

EBITDA

EBITDA라는 단어를 보면,
'개소리 이익'으로 바꿔서 읽어라.

EBITDA는 '이자, 세금, 감가상각비, 무형자산상각비 차감 전 이익Earnings Before Interest, Tax, Depreciation, and Amortization'을 뜻하는 말입니다. 찰리는 이자, 감가상각비 그리고 세금을 반드시 지불해야만 하는 매우 실질적인 경비라 생각합니다. 이자와 세금은 반드시 해당 연도에 지불해야만 하고, 감가상각비는 차후에 지불해야만 하는 비용입니다. 예를 들어, 공장과 장비가 결국 교체가 필요할 경우 들어가는 비용이 감가상각비입니다. 이 교체에 들어가는 비용은 자본 손실입니다. 그리고 자본 손실은 다른 부분이 모두 뛰어나 보이는 비즈니스를 망칠 수도 있습니다. 찰리가 보기에 회사의 이익을 파악하는 위해 EBITDA를 사용하면, 회사의 경영 실태를 잘못 파악할 수 있습니다.

DANGERS OF FINANCE COMPANIES

Where you have complexity, by nature you can have fraud and mistakes. ... This will always be true of financial companies, including ones run by governments. If you want accurate numbers from financial companies, you're in the wrong world.

—

금융 회사의 위험

복잡성은 자연히 사기와 실수를 낳기 마련이다. 이는 금융 회사에서 반드시 일어나는 일이며, 국영 금융 회사도 마찬가지입니다. 금융 회사로부터 정확한 숫자를 받길 원한다면, 빨리 꿈에서 깨어나라.

금융 회사는 얼마나 복잡할까요? 찰리는 회사가 망하기 전에 그 회사가 잘못되었는지 아닌지를 미리 아는 것은 거의 불가능하다고 말합니다. 리먼 브라더스의 경우를 보세요. 주당 65달러에 거래되는 월가의 꽃이었다가 다음해에 파산해버렸습니다. 이런 일은 보험계의 거물 AIG와 위대한 투자은행 메릴린치에서도 똑같이 일어났습니다. 이 둘은 세계에서 가장 건실한 금융 회사로 평가받았지만 바로 다음해에 정부에게 자금을 구걸하는 처지가 되었습니다.

무엇이 금융 회사를 그리 복잡하게 만들까요? 파생상품은 규제 기관과 투자 분석가의 감시로부터 위험성을 숨길 수 있게 해줍니다. AIG의 경우 회사가 서브프라임 모기지에 사용한 모든 신용부도스와프를 파악하는 것이 불가능했는데, 손실 만회 자금을 전혀 마련하지 않았기 때문입니다. 이는 회사의 리스크 노출을 일반 투자자에게 숨길 수 있었다는 뜻입니다. 리먼 브라더스의 연례 보고서를 100번 읽는다해도 이 회사가 단기로 수백, 수천억 달러를 빌려 그 돈을 서프프라임 모기지의 자금책으로 사용했고 이를 더 많은 돈을 빌리기 위해 사용했다는 사실을 알아차리지 못할 겁니다. 상업 은행이 파생상품을 이용하여 통화 시장에서 대규모의 투기적인 포지션을 취하더라도 회계 규제로 인해 이런 행위를 확인하기 어렵습니다. 은행이 수천만 달러를 잃었다는 걸 경제 신문에서 말해주기 전까지는 말이죠. 금융 회사에 관한 찰리의 입장은 매우 간단합니다. 겉보기에 멀쩡해도 안은 심각하게 썩었을 수 있다는 것입니다.

OVERCONFIDENCE

Smart people aren't exempt
from professional disasters from overconfidence.

—

과신

똑똑한 사람도 자신을 과신하면
자기 전문 영역에서 재앙적인 사고를 칠 수 있다.

여기서 '재앙적인 사고'는 저명한 월가의 채권 중개인 존 메리웨더John Meriwether가 1990년대 후반에 설립한 헤지펀드 롱텀캐피털매니지먼트LTCM의 붕괴입니다. 메리웨더는 월가와 학계에서 가장 똑똑한 사람들을 모았는데, 여기에는 수학과 경제학 박사는 물론이고 노벨상 수상자도 포함되어 있었습니다. 이 천재들이 어마어마한 레버리지를 이용해 채권과 파생상품에 투자하는 전략을 수립했고, 잘만 되면 투자한 파트너들에게 엄청난 수익을 안겨줄 터였습니다. 문제는 이 전략의 잠재적 손실이 재앙적이라는 것이었습니다.

메리웨더는 채권 스프레드를 이용한 매매 전략이 안전장치가 될 수 있다고 생각했습니다. 1월과 3월에 거래되는 2년 만기 국채 수익률 스프레드와 같이, 매우 유사한 채권간의 과거 스프레드를 측정하는 전략이었죠. 만약 1월과 3월 국채의 스프레드가 과거 평균에 비해 많이 감소하거나 증가하면, LTCM은 미래의 어떤 시점에 스프레드가 결국은 제자리를 찾으리라 믿고 가격이 떨어진 것을 사고 오른 것을 팔았습니다. 본질적으로 같은 채권이니 그리 틀린 생각은 아니었습니다.

LTCM의 거래당 수익률은 보통 1% 혹은 그 아래였습니다. 그리 많은 이익 같지 않겠지만, LTCM이 운용하던 1,240억 달러의 1%는 12억 4,000만 달러에 달합니다. 이를 매년 몇 차례 반복하면 47억 달러의 투자 자본 대비 엄청난 수익률을 기록하게 됩니다. 2년 차에 메리웨더는 43%, 그다음 해에는 41%의 수익을 올렸습니다.

모든 일이 잘 풀리는 듯했습니다. 1998년 러시아가 국내 채권에 대해 디폴트를 선언하고, 루블화를 평가절하하며 해외 채권에 대해 모라토리엄을 선언하여 세상을 놀라게 만들기 전까지는 말이죠. 이로 인해 채권 시장은 공황에 빠졌고 LTCM의 스프레드 모두가 잘못된 방향으로 흘러가면서 막대한 손실을 초래했습니다. 그러자 LTCM에 총 1,200억 달러의 금액을 대출해 준 은행들은 더 많은 담보 또는 대출의 상환을 요구했지만, 어느 것도 이루어지지 않았습니다. 말 그대로 하룻밤 사이에 LTCM이 파산한 겁니다. 뉴욕 연방준비은행은 LTCM을 관리하기 위해 몇 개의 월스트리트 은행을 조직했고, 투자자는 돈의 대부분을 잃었습니다.

이 일에서 찰리가 뽑아낸 교훈은 무척 똑똑한 사람과 막대한 레버리지가 만나면 종종 비극으로 끝난다는 것입니다. 제가 좀 더 추가하자면, 멍청한 사람과 막대한 레버리지 역시 보통 재앙으로 끝납니다.

INVESTMENT MANAGERS

I know one guy, he's extremely smart and a very capable investor. I asked him, 'What returns do you tell your institutional clients you will earn for them?' He said, '20%.' I couldn't believe it, because he knows that's impossible. But he said, 'Charlie, if I gave them a lower number, they wouldn't give me any money to invest!'

투자 매니저

아는 사람 중에 굉장히 영민하고 능력도 출중한 투자가가 한 명 있다. 그에게 "자네는 기관 고객에게 얼마를 벌어주겠다고 말하나?"라고 물었더니, "20%"라는 답이 돌아왔다. 내 귀를 의심했다. 그게 불가능하다는 걸 모르는 사람이 아니니까. 그러자 그가 말했다. "찰리, 내가 만약 그것보다 낮은 숫자를 불렀으면 내게 땡전 한푼 맡기지 않았을 것이네!"

＊

찰리는 수수료에 좌우되는 자산관리업은 미쳤다고 생각합니다. "모두가 투자 매니저가 되어, 많은 고객을 유치하고, 다른 매니저와 쉴 새 없이 거래하고, 엄청난 운용 수수료를 챙기고 싶어 한다"는 이유 때문이죠. 왜 투자 매니저는 고객 돈을 신중하게 운용하지 않을까요? 답은 간단합니다. 자기 돈이 아니기 때문이죠. 헤지펀드를 운용한다고 가정해 봅시다. 누군가가 돈을 건네면, 그 돈을 더 많은 돈을 빌리는 데 사용합니다. 그리고 투자금과 대출금을 도박이나 다름없는 큰 투자에 사용합니다. 잘 되면 투자자는 큰돈을 벌고 투자 매니저도 수수료로 많은 돈을 법니다. 누이 좋고 매부 좋습니다. 하지만 잘 풀리지 않으면 투자자와 은행은 눈물을 흘리게 됩니다. 투자 매니저는 별다른 피해가 없고요.

헤지펀드는 투자 매니저에게 위대한 사업 모델입니다. 하지만 펀드 매니저는 고객의 돈부터 얻고, 그 돈을 움켜쥐고 있어야 합니다. 고객이 돈을 빼거나 다른 곳으로 옮기면 안 되니까요. 그러려면 어떻게 해야 할까요?

자금을 유치하고 지키기 위해 헤지펀드는 두 가지 규칙을 따릅니다. 첫째, 투자자에게 엉터리 약속을 합니다. 많은 돈을 벌어주겠다는 약속을 하지 않으면 고객은 돈을 투자하지 않습니다. 둘째, 고객이 투자한 돈을 조심스럽게 운용하지 않습니다. 그러면 고객의 돈을 오래 가지고 있지 못합니다. 많은 대출을 받아 운으로 성공한 주위의 다른 헤지펀드가 훨씬 수익이 높기 때문이죠. 이 말은 1~2년 내에 고객의 탐욕은 신통치 않은 보수적인 펀드를 떠나 수익이 좋고 많은 레버리지를 이용하는 도박판으로 향한다는 뜻입니다. 그러니 헤지펀드가 보수적인 운용을 할 인센티브가 없습니다. 헤지펀드가 몇 년 후 돈을 많이 잃을 수도 있겠지만, 돈을 잃으면 고객은 다른 고수익의 펀드를 찾아갈 뿐이고, 돈을 잃은

펀드 매니저는 다른 펀드를 시작하면 됩니다.

못 믿겠나요? 월가의 저명한 펀드 매니저 존 메리웨더는 1998년에 헤지펀드에 운용에 실패한 뒤, 1999년에 JWM 파트너스JWM Partners라는 다른 펀드를 시작해 8년간 자산 규모를 30억 달러까지 불렸습니다. 그 후 2007년부터 2009년까지의 금융 위기가 메리웨더의 펀드 자산을 44%나 날려버리면서 결국 펀드를 마감해야 했습니다. 그러고나서 2010년에 JM 어드바이저스JM Advisors라는 또 다른 펀드를 시작했습니다.

헤지펀드 비즈니스 모델이 처한 경제적 현실을 고려하면, 헤지펀드가 여기저기서 돈을 끌어모아 도박을 하지 않는 것이 오히려 이상할 정도입니다. 그러니 많은 헤지펀드가 그리 합니다. 그러나 절망하진 마세요. 찰리가 포착했던 수많은 탁월한 투자 기회를 살펴보면 이 도박꾼들이 어리석었다는 것을 알 수 있으니까요.

WAITING

It's waiting that helps you as an investor,
and a lot of people just can't stand to wait.

—

기다림

기다림이야말로 투자자를 돕는다.
그러나 많은 사람이 기다림을 견디지 못한다.

17세기 프랑스의 수학자 블레즈 파스칼Blaise Pascal은 "모든 인류의 문제는 사람이 방 안에 홀로 조용히 앉아 있지 못하는 것에서 비롯된다"라고 말했습니다. 찰리도 동의합니다. 견고한 비교 우위가 있는 훌륭한 회사가 좋은 가격에 팔리기를 기다려야 합니다. 그리고 찰리가 말하는 좋은 기다림은 한두 달을 말하는 것이 아닙니다. 좋은 투자를 위해서는 수년의 시간이 필요할 수도 있습니다. 워런은 1960년대 후반 주식시장을 빠져나간 뒤 다시 주식 매수에 흥미를 느끼기까지 5년을 기다렸습니다. 1990년대 후반, 인터넷 버블 시기에 찰리와 워런은 주식시장에서 살만한 주식 찾기를 포기했고 2003년이 되어서야 찾기 시작했습니다.

하지만 대부분의 투자자에게 기다림은 쉽지 않습니다. 그리고 이는 뮤추얼펀드와 헤지펀드 매니저에게도 똑같이 적용됩니다. 그들은 분기별 성과에 쫓기기 때문

＊

에 좋은 주식을 탐색하며 몇 년을 기다린다는 선택지는
없는 것이나 마찬가지입니다.

투자할 종목을 찾으며 기다리는 것 이외의 일도 있습
니다. 주식을 매수하고 나면, 그 회사의 비즈니스 모델
이 회사를 키우고 주식 가격을 높이기를 기다려야만 합
니다. 찰리와 워런이 투자 종목을 영원히 보유할 생각이
라고 말했을 때, 그 말은 진심이었습니다. 월가의 그 누
가 이런 선언을 할 수 있을까요? 이것이 찰리와 워런이
누군가 자신의 투자 스타일을 따라할 것을 전혀 걱정하
지 않는 이유입니다. 그들만큼 기다릴 인내심이나 규율
을 가진 기관이나 개인은 없기 때문입니다.

TAX SHELTERS

In terms of business mistakes that I've seen over a
long lifetime, I would say that trying to minimize
taxes too much is one of the great standard causes
of really dumb mistakes. … Anytime somebody
offers you a tax shelter from here on in life,
my advice would be don't buy it.

—

절세 수단

살면서 목격한 정말 어리석은 사업적 실수들은 보통 세
금을 너무 많이 줄이려는 것이 그 원인이었다. 누군가
절세 수단을 제공하겠다고 하면, 그 말을 무시하라.

찰리는 돈을 버는 것보다 절세에 더 신경을 쓰면서 잘못된 판단을 하는 경우들을 목격했습니다. 절세 수단에 투자하면 세금을 많이 줄일 수는 있지만, 사실은 끔찍한 도박입니다. 세금 회피의 이득보다 더 많은 돈을 잃게 되니까요. 찰리와 워런은 버크셔 해서웨이 투자를 일종의 합법적인 절세 수단으로 설계했습니다. 이는 배당금을 지급하지 않도록 해서 배당금에 대한 세금을 피하고, 자신들이 버크셔 주식을 50년간 보유함으로써 가능했습니다. 이는 수익이 버크셔 내부에 쌓이게 했고, 이를 다른 회사 인수에 활용해 버크셔를 키웠습니다. 찰리와 워런이 버크셔 주식 관련 세금을 내는 순간은 딱 한 번, 주식을 매도할 때입니다. 워런의 경우 보유한 모든 돈이 자선 재단으로 들어가기 때문에 그 돈에 관해서는 세금을 내지 않습니다. 버크셔 해서웨이가 궁극의 절세 수단이니 다른 수단이 필요 없지 않겠습니까?

ENDURING PROBLEMS

An isolated example that's very rare
is much easier to endure
than a perfect sea of misery that never ceases.

—

지속되는 문제

정말 드문 아주 희귀한 예외가
끝날 줄 모르는 불행의 바다보다 훨씬 견디기 쉽다.

여기서 찰리가 다루는 것은 훌륭한 회사와 평범한 회사의 차이입니다. 여기서 훌륭한 회사는 20년간 커다란 문제를 몇 번 겪는 회사이고, 평범한 회사는 매년 여러 문제가 꼬리에 꼬리를 물고 이어지는 회사입니다. 훌륭한 회사의 완벽한 예는 코카콜라입니다. 지난 50년간 코카콜라는 두 번의 큰 실수를 저질렀습니다. 한 번은 영화 산업에 뛰어든 것이고, 다른 한 번은 대표 상품을 새롭게 만들어 뉴코크New Coke로 출시한 것입니다. 이 문제들은 사업을 접는 것으로 해결했습니다. 끊임없이 문제를 겪는 평범한 회사의 완벽한 사례에는 모든 항공사가 포함됩니다. 항공사는 노조 문제, 연료 가격 문제는 물론 극심한 가격 경쟁을 이겨내야 합니다.

이 지혜는 개인의 삶에도 적용할 수 있습니다. 극심한 고통을 잠깐 참는 것이 쉴새 없는 고통을 겪는 것보다 훨씬 쉽습니다.

SUPRISES

Favorable surprises are easy to handle. It's the
unfavorable surprises that cause the trouble.

—

뜻밖의 일

뜻밖의 좋은 일은 쉽게 대처할 수 있다.
문제는 뜻밖의 나쁜 일이다.

최악을 대비하고 최선을 바라야 합니다. 최악을 대비하는 것은 언제나 현명한 일입니다. 벤저민 그레이엄의 안전마진은 최악의 상황으로부터 보호받고자 고안되었습니다. 주식에 관한 한, 찰리는 안전마진을 가격과 가치의 측면에서 생각합니다. 안전마진은 가격이 낮을수록 그리고 사업 가치가 높을수록 높아진다고 보았습니다. 주가가 오르면 안전마진은 증발하기 시작합니다. 사업 가치가 낮아지면, 안전마진 역시 하락합니다. 높은 가치의 기업을 적절한 가격에 매수한다면, 안전마진이 장기적 손실로부터 투자자를 보호해 줄 것이고, 추후에 사업이 내적으로 성장하거나 다른 사업체를 인수하는 방식으로 성장하면 사업의 높은 가치가 이익이 되는 뜻밖의 좋은 일을 무수히 불러올 것입니다.

UNDERSTANDING THE ODDS

Move only when you have the advantage—
you have to understand the odds
and have the discipline to bet
only when the odds are in your favor.

—

이길 확률

유리할 때만 투자하라.
이길 확률이 얼마나 되는지를 이해하고
유리할 때만 베팅한다는 원칙을 세워야 한다.

이는 상식과는 조금 어긋나는 말입니다. 이 조언을 이해하기 위해서는 찰리의 과거를 조금 알아야 합니다. 1960년대 후반, 찰리와 워런 모두 자신의 헤지펀드를 운용하고 있었습니다. 60년대 후반 상승장의 맹위가 계속되자 모든 것이 너무 비싸졌고, 당시까지 그레이엄의 방법론을 따르던 워런은 매수할 만한 저렴한 주식을 찾기 힘들어졌습니다. 이에 워런은 투자 전략을 바꾸는 대신, 자기 헤지펀드를 접고 파트너들에게 투자금을 돌려준 뒤, 자기 돈 대부분을 미국 국채와 같은 현금성 자산으로 바꿨습니다.

반면, 찰리는 투자를 계속했고 1973년 이전까지 큰 수익을 올리다가 1973~1974년의 주식시장 폭락으로 파트너들의 투자금을 절반 가까이 잃었습니다. 찰리는 이 시기를 인생 최악의 순간으로 꼽습니다. 이와 달리 주식시장이 과열되었다고 생각해 엄청난 현금을 깔고 앉아 있던 워런은 주식시장이 폭락하여 수십 개의 훌륭한 회사들이 헐값에 시중에 나온 것을 보게 됩니다. 수중에 현금이 충분했던 워런은 그 기업들을 싼값에 매수할 수 있었습니다. 찰리는 현금이 없었기에 그러지 못했습니다. 주식시장이 회복하면서 찰리도 본인과 파트너들의 손실을 회복했지만, 그 경험은 찰리에게 엄청난 충격을 주어 이후 펀드 운용을 중단하게 됩니다.

찰리는 이 경험에서 무엇을 배웠을까요? 주식의 가격이 오르면 오를수록 투자자에게는 불리해진다는 것입니다. 반대로 가격이 떨어지면 떨어질수록 투자자에게 유리해질 가능성이 높다는 것도 배웠습니다. 또한 주식시장이 상승할 때 계속 투자를 이어나가면 시장이 폭락했을 때 자산에 투자할 현금이 없어진다는 것도 알게 되었죠. 이길 확률이 얼마나 되는지는 중요하지 않습니다. 베팅할 현금이 없으면, 한 푼도 벌지 못하기 때문입니다.

A FEW GOOD COMPANIES

If you buy something because it's undervalued,
then you have to think about selling it when it
approaches your calculation of its intrinsic value.
That's hard. But, if you can buy a few great com-
panies, then you can sit on your ass.
That's a good thing.

—

소수의 훌륭한 회사

저평가되었다는 이유만으로 매수하면, 가격이 내재 가
치에 도달했다고 판단될 때 매도할 생각을 해야 한다.
그건 무척 어려운 일이다. 하지만 소수의 위대한 회사
주식을 매수하면, 그냥 깔고 앉아있기만 하면 된다.
그건 좋은 일이다.

＊

이 내용은 앞에서 이미 다뤘지만, 너무나 중요해서 다시 한번 다루려고 합니다.

저평가된 주식을 매수하는 벤저민 그레이엄의 방식은 투자자가 회사의 가치를 평가한 뒤, 주식이 그 가치에 도달하면 매도해야 합니다. 이 방식은 평범한 회사는 물론, 오래가는 견고한 경쟁 우위를 가진 훌륭한 회사의 주식도 미리 정한 적정 가격에 도달하면 매도해야 하기에 바람직하지 않습니다. 주식 매도로 인해 시간이 지남에 따라 발생하는 그 기업의 본질적 가치의 상승에서 오는 이익을 누릴 기회를 모두 잃습니다.

찰리와 워런의 이론에 따르면, 견조한 경쟁 우위가 있는 회사는 시간이 흐르면 본질적 가치가 확대되는 사업적 기반이 있습니다. 시간이 많이 흐를수록 회사의 가치는 더 성장하는 것이죠. 그러므로 가장 현명한 선택은 한 번 주식을 매수하면 가능한 오래 들고 있는 것입니다. 이는 회사의 주식을 오래 소유할수록 그 가치가 성장하고, 회사의 가치가 성장할수록 투자자는 더 부유해지니까요.

버크셔 해서웨이가 이를 잘 입증합니다. 지난 50년을 돌이켜보면, 버크셔 주식은 1970년대 초에는 장부가격보다 낮은 가격에 거래되다가, 1990년대 후반에 장부가격의 거의 2배에 달하는 가격에 거래되었습니다. 만약 버크셔의 주식을 장부가격보다 싸게 매수하여 2배의 가격으로 매도했다면 많은 돈을 벌었을 겁니다. 그러나 그리했다면 2000년에서 2016년 사이에 가치를 3배로 불린 버크셔 해서웨이의 행보를 보며 한숨을 쉬었겠죠. 회사를 제대로 골랐다면, 찰리의 말처럼 깔고 앉아 있는 것이 답입니다.

OWNERSHIP OF A BUSINESS

View a stock as an ownership of the business
and judge the staying quality of the business
in terms of its competitive advantage.

—

사업 소유권

주식을 사업 소유권으로 이해하고
그 사업의 체질을 비교 우위의 관점에서 판단하라.

가치 투자의 창시자인 벤저민 그레이엄은 주식 소유를 한 사업체의 일부를 갖는 것으로 보았습니다. 투자를 한 사업체의 일부를 구매하는 것이라는 관점에서 보면, 주식 가격이 좋은지 아닌지 판단할 수 있습니다. 찰리는 주식 한 주의 가격을 발행 주식수로 곱해서 회사 전체의 가치가 어느 정도인지 확인하는 것부터 시작합니다. 예를 들어, 주당 6달러를 100만 주로 곱하면 그 회사 전체의 시장 가격은 600만 달러입니다. 그런 다음, 장기적 관점에 입각해 경제 실체로서 회사의 가치를 고려합니다. 회사가 시장의 평가보다 가치가 높다면 잠재적 매수 대상이고, 낮다면 매수하지 않을 겁니다. 회사에 견조한 비교 우위가 있다면 미래의 어느 시점에는 저렴한 가격 혹은 적절한 가격으로 떨어지기를 바라며 계속 지켜볼 것입니다.

견조한 비교 우위를 가진 사업체를 찾는 일은 사업체

가 저력을 갖고 있는지를 판단하는 것입니다. 한 회사의 주식을 매수해 20년간 보유할 때, 매수하고 5년 후에 그 회사가 파는 상품이 무용지물이 되는 것을 원치 않을 겁니다. 버크셔가 투자한 회사 중에는 같은 상품 또는 서비스를 50년 혹은 그 이상 제조하거나 제공하는 회사가 많습니다. 실제로 찰리와 워런이 소유한 코카콜라, 웰스파고 은행, 아메리칸 익스프레스, 보험사 스위스리, 위글리 검, 크래프트 푸드, 버드와이저 맥주를 생산하는 앤하이저 부시 등은 같은 제품이나 서비스를 100년 넘게 제공하고 있습니다! 진정 위대한 회사에 투자한다면 시간은 항상 투자자의 편입니다.

RECOGNIZING REALITY

I think that one should recognize reality
even when one doesn't like it;
indeed, especially when one doesn't like it.

–

현실 인정

난 상황이 좋지 않을 때도
현실을 인정할 줄 알아야 한다고 생각한다.
아니, 오히려 상황이 나쁠 때 특히 그래야 한다.

✴

여기서 찰리가 말하는 현실은 아끼고 사랑하는 투자처가 새로운 경제 상황을 마주하는 것입니다. 이는 시간이 흘러 회사의 본질적인 비즈니스 구조가 너무 많이 변해서 한때는 위대했던 회사가 더는 그렇지 않게 되는 것을 뜻합니다. 버크셔 입장에서 이런 일은 재보험 사업에서 주기적으로 일어납니다. '설비 과잉'은 너무 작은 사업에 너무 많은 돈이 몰리는 것을 뜻합니다. 이는 가격 경쟁을 초래해, 같은 리스크에 대한 이익이 적어집니다. 대부분의 재보험사는 이런 현실을 수용하지 못하고 재보험 증서를 계속 판매합니다. 그것이 매우 적은 돈을 벌게 된다는 것을 의미해도 말입니다. 반면 버크셔는 단번에 재보험 판매를 중지하고 가격 상승을 기다립니다. 그 결과, 오늘날 세계에서 가장 수익이 좋고 규모가 큰 재보험사 중 하나가 되었습니다.

NOT BEING STUPID

It is remarkable how much long-term advantage
people like us have gotten by trying to be con-
sistently not stupid, instead of trying to be very
intelligent. There must be some wisdom in the
folk saying: 'It's the strong swimmers who drown.'

–

바보가 되지 않기

우리 같은 사람들이 엄청 똑똑해지려고 하는 대신
늘 바보가 되지 않기 위해 노력함으로써
장기적으로 많은 것을 얻었다.
'수영을 잘하는 사람이 익사한다'라는 속담에는
분명 소중한 지혜가 담겨 있다.

＊

수영을 잘하는 사람은 멀리까지 헤엄쳐서 나가는데, 이는 잠재적으로 자신을 위험에 빠뜨립니다. 수영을 잘하지 못하는 사람들은 안전한 연안 가까이에 머무릅니다. 높은 IQ를 지닌 수학자나 금융 시장 분석가 유형의 사람은 투자할 때 매우 복잡한 거래 모델을 사용하여 자기 자신을 곤란하게 만듭니다. 찰리는 월가의 박사들이 주식 시장에서 단기 변동을 활용하기 위해 사용하는 복잡한 수학적 모델과 거래 전략에는 관심이 없습니다. 오히려 그 반대지요. 장기간에 걸쳐 우월한 결과를 선사하는 단순한 투자 전략에 관심이 있습니다. 그리고 이것의 기초는 바보 같은 짓을 하지 않으려고 노력하는 것입니다. 찰리에게 있어서 바보 같은 짓은 실제 가치보다 고평가된 사업체에 더 많은 돈을 투자하는 것을 뜻합니다.

OPPORTUNITY

You do get an occasional opportunity
to get into a wonderful business
that's being run by a wonderful manager.
And, of course, that's hog heaven day.

—

기회

때때로 훌륭한 관리자가 운영하는
뛰어난 사업에 투자할 기회가 올 것이다.
당연히 그날이 극락을 맛보는 날이다.

＊

찰리는 거대한 잠재력을 가진 회사의 주식을 매수할 기회가 있을 때 정신이 나가 매수하지 못하는 것은 큰 실수라고 믿습니다. 여기서 중요한 점은 기회가 왔을 때 공격적으로 매수해야 한다는 점입니다. 문제는 그러려면 보통 하락장에서 매수해야 하는데, 이는 대부분의 사람에게 무척 어렵습니다. 다른 투자자가 돈을 잃는 것을 보면 겁에 질려서 투자에 대한 자신감을 잃게 됩니다. 기회가 눈앞에 있는데 투자를 하기엔 너무 무서운 것이지요.

또한, 매수해야 하는 좋은 기회에 현금이 없을 수도 있습니다. 대부분의 펀드는 투자 자금을 모두 투자에 사용합니다. 상승장에서 전액 투자를 하지 않으면, 현금 보유분이 수익을 끌어내릴 것이고, 그로 인해 고객이 펀드를 떠날 수 있기 때문입니다.

그래서 하락장에서 펀드 매니저는 겁에 질리게 되고,

어떤 종목을 매수하고 싶어도 투자할 현금이 없다는 것입니다. 모두가 똑같이 침몰하는 같은 배에 탑승한 상태라, 다른 무리와 비교해 그 펀드 매니저가 더 형편없어 보이진 않는 것이지요. 찰리와 워런은 배가 정말로 가라앉지는 않을 것이며, 오히려 그때가 매수 기회라는 것을 알고 있습니다.

THE FUTURE OF BERKSHIRE HATHAWAY

When I came out to California, there was this playboy and he spent all his time drinking heavily and chasing movie stars. His banker called him in and said that he was very nervous about his behavior. He told his banker, 'Let me tell you something: my municipal bonds don't drink.'

—

버크셔 해서웨이의 미래

내가 캘리포니아에서 지내던 당시, 영화배우들을 쫓아다니며 늘 술에 찌들어 있는 놈팽이 하나가 있었다. 그의 자산관리사는 그를 불러 그렇게 사는 것이 걱정된다고 전했다. 그러자 그가 이렇게 말했다. "한 가지 말씀드릴게요. 제 지방채는 술을 마시지 않습니다."

*

찰리는 이 이야기를 통해 버크셔 해서웨이는 찰리 본인과 워런이 직접 선택한 훌륭한 기업들을 소유하고 있으며 버크셔는 사업 조건이 좋고 훌륭한 관리자가 운영하고 있다는 것을 알려줍니다. 버크셔 해서웨이가 소유한 훌륭한 기업들은 찰리와 워런이 자리에서 내려오고 한참이 지나고도 오래도록 좋은 수익을 버크셔 해서웨이에게 안겨줄 것이며 엄청난 상승세를 향해 나아갈 것입니다.

FINANCIAL DEMENTIA

There is more dementia about finance
than there is about sex.

—

금융 치매

치매는 섹스보다 금융에서 더 많이 일어난다.

＊

이는 사실입니다. 오늘날 금융 위기는 1, 2년이 지나면 거의 완전히 잊힙니다. 이는 아마도 투자 업계가 과거를 한탄하기보다 미래를 보며 돈을 굴리기 때문일 겁니다. 그래서 대부분의 금융 기관은 과거에 했던 어리석은 행위를 되풀이합니다.

찰리는 이를 이해하고, 하락장이 가져다주는 매수 기회를 잡기 위해 상승장의 끝무렵에 거액의 현금을 쥐고 있으려고 합니다. 주가가 언제 붕괴할지 예측하지 않고, 그저 주가가 떨어지기를 몇 년간 기다립니다. 주가가 높아질수록 주식 매수를 멈추는데, 이는 버크셔에 현금이 쌓이기 시작한다는 뜻입니다. 상승장의 마지막 단계에서 수익을 포기하고 버블이 터졌을 때 발생할 대규모의 매수 기회를 준비합니다. 대규모의 투자 펀드는 이렇게 못합니다. 상승장의 후반부에서 수익을 포기하면서 고객이 이탈하기 때문입니다.

저는 1988년 버크셔 해서웨이의 연례 주주 총회에서 주주들이 돌아가며 찰리와 워런에게 왜 버크셔가 투자를 하지 않고 있는지 묻고, 두 사람이 주가가 너무 높다는 답을 반복하던 것을 기억합니다(당시에는 모든 종목의 주가가 상승하는 추세였습니다). 2000년에 주식 시장의 버블이 터져 모두가 숨을 곳을 찾고 있을 때, 버크셔는 대규모 매수가 가능한 위치에 있었습니다. 그리고 2008년에도 정확히 똑같은 일을 했습니다.

주식 시장이 너무 과열되었는지 어떻게 알 수 있을까요? 찰리와 워런이 투자 감각을 잃었다고 경제신문 기자들이 떠들기 시작할 때입니다.

BUSINESS VALUATIONS

If people weren't wrong so often,
we wouldn't be so rich.

—

기업 평가

사람들이 자주 틀리지 않았다면,
우리가 이렇게 부자가 될 수 없었을 것이다.

투자자들은 종종 기업 평가를 잘못합니다. 대부분의 경우 기업 가치를 실제보다 훨씬 높게 평가합니다. 하지만 그건 도움이 되지 않습니다. 도움이 되는 건 반대로 투자자들이 회사의 가치를 실제보다 훨씬 낮게 평가해서 주가가 떨어질 때입니다. 찰리는 이때를 매수 기회로 봅니다. 그것이 찰리가 8년에서 10년 사이에 한 번씩 큰 성공을 거두는 투자 방식입니다.

시장이 기업 평가를 크게 잘못하고 찰리와 워런이 그것을 이용한 시점이 언제인지 알고 싶다면, 지난 50년간의 주요 경기 침체와 주식 시장 폭락을 보십시오. 1962년의 플래시 크래시는 워런이 버크셔 해서웨이를 인수할 기회를 주었습니다. 그리고 1973~1974년의 주식 시장 붕괴 때 워런은 워싱턴 포스트Washington Post를 매수했습니다. 연방준비제도이사회 의장 폴 볼커Paul Volcker가 1978년에서 1980년 사이에 이자율을 14%까지 올려 주가가 폭락했을 때 버크셔 해서웨이는 미국에서 세 번째로 큰 식음료 회사인 제너럴 푸드General Foods, 담배 제조사인 R. J. 레이놀즈R. J. Reynolds, 그리고 타임즈 미러 컴퍼니Times Mirror Company를 매수하느라 분주했습니다. 1987년 10월의 주식 시장 붕괴 때 버크셔는 코카콜라 주식을 추가 매수할 수 있었습니다. 1990년의 금융 침체는 버크셔가 웰스 파고 은행 주식을 매수할 기회가 되었습니다. 1990년대 후반 인터넷 버블로 인해 주가가 치솟던 시기, 아무도 구식 오프라인 기업을 원치 않았습니다. 이때 버크셔는 가구 전문 소매업체인 스타 퍼니쳐Star Furniture, 아이스크림 프렌차이즈 회사인 데어리 퀸Dairy Queen, 재보험사인 제너럴리, 그리고 제트기 공유업체인 넷젯Net Jets 등을 인수했습니다. 인터넷 거품이 꺼지고 9.11 사태로 주식 시장이 폭락을 한 2001년, 버크셔는 세계 최대 세무법인인 H&R 블록H&R

Block과 신용평가사로 유명한 무디스의 지분을 확보했습니다. 서브프라임 사태로 시작된 2007년에서 2009년까지의 경제 위기와 주식 시장 폭락 때는 GE, 할리 데이비슨, 뱅크오브아메리카, 골드만 삭스의 선순위채권 혹은 우선주를 손에 넣었습니다. 그리고 2010년 들어 주식 시장이 회복하기 시작하자 2007년에서 2009년까지 주가가 하락한 벌링턴 노던 레일로드Burlington Northern Railroad의 주식을 매수했습니다.

왜 다른 투자자들은 버크셔와 같은 투자를 하지 못할까요? 그들은 근시안적이고 겁에 질려 있었지만, 찰리와 워런은 장기적인 게임을 합니다. 그리고 자신들이 무엇을 찾고 있는지 정확하게 알고 있습니다.

WAITING IS THE HARDEST PART

You have to be very patient, you have to wait until
something comes along, which, at the price you're
paying, is easy. That's contrary to human nature,
just to sit there all day long doing nothing, wait-
ing. It's easy for us, we have a lot of other things
to do. But for an ordinary person, can you im-
agine just sitting for five years doing nothing?
You don't feel active, you don't feel useful,

so you do something stupid.

기다림의 어려움

투자 기회를 잡을 때까지 참을성을 갖고 진득하게 기다려야 한다. 그게 인간의 본성과 반대되는 일이라 쉽지 않다는 건 안다. 우리는 하루종일 아무것도 하지 않고 그저 기다리는 게 쉽다. 다른 할 일도 많으니까. 하지만 평범한 사람이 5년 동안 가만히 아무것도 하지 않고 있는 것을 상상할 수 있는가? 활동적이라고 느껴지지 않고 또 쓸모 있는 사람처럼 느껴지지 않으니 무언가 바보 같은 일을 하게 된다.

인내심에 관한 찰리의 생각은 앞에서 다루었습니다. 하지만 백문이 불여일견인 분들은 2014년 데일리 저널 정기 주주 총회에서 찰리가 말한 내용을 읽어 보기 바랍니다. 엄청난 부를 창출하는 찰리 공식의 마지막 미스터리 중 하나를 설명하기 때문입니다. 그리고 버크셔 해서웨이의 정기 주주 총회에 참석하는 4만 명 중 이 공식을 실제로 이해하고 실천에 옮기는 사람은 10명 남짓입니다. 그래서 찰리 말의 뉘앙스를 상세히 파헤쳐 보겠습니다. 이 책에서 하나만 배워야 한다면, 인내심의 중요성이기 때문입니다.

대부분의 투자자는 조급하고, 그래서 대부분 투자를 시작하자마자 실패합니다. 주식은 거의 언제나 그것의 장기적이고 본질적인 가치보다 훨씬 비싸게 팔리기 때문입니다. 그것이 주식 시장의 특성입니다. 보유한 자금을 투자하겠다고 결심한 날, 찰리의 기준에 부합하는 투자처를 찾을 가능성은 거의 없습니다. 그래서 덜 괜찮은 걸로 만족할 겁니다. 더 기다렸다면 훨씬 괜찮은 대상을 찾았을텐데 말입니다. 찰리는 기다린다고 돈을 내는 것이 아니니 쉬운 일이라 말합니다.

이는 인간 본성에 어긋나지만 그래서 이 방식이 이기는 투자 전략임을 알아야 합니다. 최고의 투자 전략 중 하나는 다른 사람이 매도할 때 오히려 매수하는 역발상 투자입니다. 그리고 서두르지 않는 건 서두르는 사람, 즉 거의 모든 세상 사람 반대로 행동하는 겁니다.

이렇게 생각하면 됩니다. 찰리는 투자 기회를 찾는 게 아니라 올바른 장기 투자 기회가 적절한 가격에 나타나기를 기다리는 겁니다. 기회를 알아볼 수 있도록 두 눈을 크게 뜨고 있으며, 그게 그가 책을 많이 읽는 이유입니다. 좋은 기회가 생기지 않으면 계속 책을 읽습니다. 그게 어려운 일 일까요? 투자 매니저를 찾아가니 올바른 투자처를 찾으려면 5년이 걸릴 수도 있다고 말했다고 상상해 보십시오. 대부분의 사람은 자리에서 일어나 다른 투자 매니저를 찾아갈 겁니다. 찰리가 보통의 투자자와 비교해 가진 이점이 바로 기다림입니다.

대부분의 사람이 찰리처럼 좋은 장기 투자처가 좋은 가격에 나타나는 것을 5년간 기다리지 못하기 때문에, 그리고 대부분의 경우 주식이 내재 가치보다 더 높은 가격에 팔리고 있기 때문에, 보통 주식을 매수할 때 과한 비용을 지불합니다. 여기서 질문을 하겠습니다. 조급하게 행동해 투자 종목에 과도한 비용을 지불하는 99%의 투자자에 속하십니까? 아니면, 필요하다면 적절한 가격에 매수할 수 있는 올바른 장기 투자 기회를 위해 5년을 기다릴 수 있는 인내심을 가진 찰리의 1% 클럽에 속하십니까?

WADING IN

We have a history when things are really horrible
of wading in when no one else will.

–

뛰어들기

우리에게는 상황이 정말 끔찍해 아무도 투자하지
않을 때 뛰어든 역사가 있다.

✳

앞에서 여러 번 말했지만, 찰리가 이렇게 할 수 있었던 유일한 이유는 현금을 쌓아두고 기다렸기 때문입니다. 대부분의 펀드는 자금을 전부 투자하여 더 투자할 여력이 없습니다. 현금은 수익률이 낮아서 많이 보유하면 펀드의 수익성을 심각하게 낮추기 때문입니다.

돈을 차입하는 펀드, 즉 투자금 이상을 투자하는 펀드도 있습니다. 시장이 하락세에 접어들면 모든 자금을 투자한 펀드는 많은 돈을 잃습니다. 특히, 레버리지를 사용한 펀드는 더 그렇습니다. 돈을 매일 넣었다 빼는 개방형 펀드는 주식 시장이 폭락하면 포트폴리오의 가치가 하락할 뿐 아니라, 투자자가 수백, 수천만 달러를 인출해 나갑니다.

요점은 하락장에서 뮤추얼 펀드, 헤지 펀드, 기타 여러 기관은 뭐든 살 수 있는 입장이 아닙니다. 그래서 찰리와 워런과 같은 사람이 쉽게 주워 담을 수 있습니다.

ACADEMIC SORCERY

By and large I don't think too much of finance
professors. It is a field with witchcraft.

—

학문적 주술

나는 대체로 금융 교수들 말에 귀 기울지 않는다.
주술이 판치는 분야다.

금융 교수들은 다양성을 단순화하는 일에 중독된 것 외에도 큰 문제가 있습니다. 효율적 시장 이론을 설파한다는 것입니다. 이 이론은 기본적으로 시장은 효율적이고 누구도 시장을 이길 수 없고 우리는 평균의 일부라고 주장합니다. 금융 교수들이 완전히 놓치는 건 장기적인 관점에서 볼 때, 기업은 주식 시장이 근시안적이고 '효율적인' 탓에 자기 가치를 잘못 평가하면 비효율의 순간을 겪는다는 것입니다. 찰리처럼 집단 생물학을 공부해 본 적이 없는 금융 교수들은 다양한 사업 전략이 서로 상호작용하며 한 집단의 효율이 다른 집단의 비효율로 이어질 수 있음을 모릅니다.

예를 들어보죠. 절망과 우울이 깔리기 시작하면 주식 시장은 겁에 질리고 다수의 투자자들은 현금의 안전성을 쫓아 도망칩니다. 그러면 주가가 떨어집니다. 근시안적인 관점에서 보면 그게 효율적인 행동입니다. 비효율은 투자자들이 비상탈출구로 몰려들어 주가가 폭락하고, 이것이 한 회사의 장기적인 경제적 가치를 과소평가하는 것으로 이어질 때 발생합니다. 찰리와 워런이 코카콜라와 웰스 파고의 주식을 매수할 때 발생한 일입니다.

오랜 기간 찰리와 워런은 투자 전략을 단련하여 많은 양의 현금을 보유하고 지속 가능한 경쟁 우위를 지닌 기업을 매수한다는 목표를 세웠습니다. 하지만 이 전략은 근시안적인 주식 시장이 효율적으로 작동하여 장기적인 관점에서 볼 때 비효율적인 순간을 만든다는 것에 전적으로 의존하고 있습니다. 이것이 찰리가 평균의 법칙을 깨부수는 방식이며, 금융 교수들과 그들의 주술이 잘못되었음을 입증하는 방식입니다.

GREEDY BANKERS

Mortgage lending became a dirty way to make money. You take people that can't handle credit and try to make very high returns by abusing and encouraging their stupidity—that's not the way I want to make money in banking. You should try to make money by selling people things that are good for the customer.

—

탐욕스러운 은행가들

담보 대출은 돈을 버는 추잡한 방식이 되었다. 신용에 대해 잘 모르는 사람의 무지를 강화하고 악용하여 높은 수익을 창출하려 한다. 나는 그렇게 돈을 벌고 싶지 않다. 고객에게 도움이 되는 것으로 돈을 벌어야 한다.

＊

예전 은행은 주택담보대출을 자기 회계장부에 포함시켰기 때문에 누구에게 돈을 빌려주는지에 무척 신중했습니다. 하지만 이후 비즈니스 모델이 바뀌었고, 은행은 자신이 발행한 대출 채권을 다른 회사에게 팔기 시작했습니다. 대출을 해주자마자 팔아버리면 되니 누구에게 대출을 해주는지는 중요치 않습니다. 그러자 주택담보대출을 많이 일으킬수록 은행이 더 많은 돈을 벌게 되는 상황이 펼쳐졌습니다. 집주인이 채무 불이행하면? 뭔 상관이겠어요. 은행하고는 이미 관계가 없는 일인데. 이렇게 해서 은행은 지루한 업무와 지루한 봉급의 업종에서 엄청난 연봉의 흥미진진한 사업으로 탈바꿈했습니다.

INVESTING IN BANKS

I don't think anyone should buy a bank if they
don't have a feel for the bankers. Banking is a
business that is a very dangerous place for an
investor. Without deep insight, stay away.

–

은행에 투자하기

나는 은행가로서의 감각이 없으면 은행에 투자하면 안
된다고 생각한다. 은행은 투자가에게 매우 위험한 사업
이다. 높은 이해도가 없다면 은행 투자를 피하라.

찰리와 워런이 은행에 투자할 때 전형적인 특징 하나가 있다. 언제나 투자한 은행의 경영진을 칭찬한다. 주로 경영진의 운영 효율(비용 절감)이 좋고, 파생상품 포지션을 적게 하며, 불안정한 모기지를 작성할 필요가 없는 리스크 관리를 잘 한다는 것을 칭찬합니다. 그것이 웰스파고든, U.S. 뱅크든, 뱅크오브아메리카든 언제나 경영진의 실력과 청렴성을 중시합니다.

왜 경영진을 칭찬할까요? 경영진의 수준이 찰리와 워런이 이해할 수 있는 유형의 것이기 때문입니다. 은행의 재무 보고서는 종종 대단히 난해해서 최고의 금융 분석가조차 이해할 수 없기 때문입니다.

NO SINGLE FORMULA

There isn't a single formula. You need to know
a lot about business and human nature and the
numbers. ... It is unreasonable to expect that
there is a magic system that will do it for you.

—

만병통치약은 없다

성공을 위한 만병통치약 같은 건 없다. 비즈니스와 인
간 본성 그리고 숫자를 정말 많이 알아야 한다. 단 하
나의 마법 같은 공식이 뭐든 다 해결해 주리라
기대하는 건 비이성적이다.

사람들은 책 한 권으로 부자가 되는 방법을 간단히 배울 수 있기를 바랍니다. 하지만 운이 아무리 좋아도 그런 일은 일어나지 않습니다. 훌륭한 사업가의 전기를 100권 읽는 것이 100권의 투자 관련 서적을 읽는 것보다 훨씬 도움이 될 겁니다. 왜 그럴까요? 100개의 다른 비즈니스 모델의 역사를 읽으면 언제 어떤 사업이 힘든 시기를 겪었으며 그것을 어떻게 극복했는지 배울 수 있습니다. 그리고 어떤 점이 다양한 비즈니스를 위대하게 만들었고 어떤 점이 그렇지 않았는지 배울 수 있습니다. 이런 교훈은 어떤 사업이 잠재적 경쟁 우위를 갖고 있는지 알아볼 수 있게 도와줍니다. 그것이 훌륭한 장기 투자의 핵심입니다.

비즈니스에 관한 책을 읽는 것만으로는 충분하지 않을 수 있습니다. 두 학기 정도 비즈니스의 언어라 할 회계를 공부하는 것이 도움이 될 수 있습니다. 그리고 두 학기 정도의 경제학 공부와 함께 중앙은행에 대해 배울 수 있는 좋은 수업을 하나 들어 시장 구제에서 연방준비은행의 위력을 이해해야 합니다. 대부분의 MBA 과정은 안타깝게도 이런 과정이 없습니다. 앞에서 말한 것들을 공부하면 매력적인 투자 종목을 찾기 좋은 상태가 될 겁니다. 다만, 좋은 종목을 찾으려면 굉장히 많은 독서를 해야 합니다. 1년에 200~300개 정도의 기업 연례보고서를 읽고 《월스트리트 저널》을 봐야 합니다.

　이제 왜 대부분의 사람이 간편하고 쉬운 방법을 찾는지 이해가 될 겁니다. 재밌는 건 쉬운 방법을 찾는 사람들이 종종 주식 시장에서 바보 같은 짓을 한다는 겁니다. 그리고 찰리처럼 그것을 간파하는 사람들이 그런 사람들로부터 이익을 취합니다. 워런이 말한 것처럼, 카드 게임을 하는데 그 판에서 누가 호구인지 모르겠다면, 본인이 호구인 것입니다.

ON TECHNOLOGY

The great lesson in microeconomics is to discrim-
inate between when technology is going to help
you and when it's going to kill you.

—

기술

미시경제학의 위대한 교훈은 기술이 당신을
도울 때와 해칠 때를 구별하라는 것이다.

＊

신기술은 기존의 비즈니스에 피해를 줄 수도 있고 이윤을 늘릴 수도 있습니다.

해야 하는 첫 질문은 '신기술이 기존 비즈니스 모델을 위협하는가?'입니다. 자동차는 마차와 말을 대체했습니다. 전화는 전보를 대신하게 되었습니다. 타자기는 컴퓨터와 프린터로 교체되었습니다.

두 번째 질문은 '새로운 기술이 비즈니스를 확장하는가?'입니다. 이 질문이 조금 더 복잡합니다. 기술 변화가 회사에 도움이 될지 아닐지는 사업의 종류에 따라 다르기 때문입니다.

만약 한 회사가 다른 회사들과 비슷한 재화와 서비스를 판매하는 상품 기반의 사업이라면, 비용을 낮추고 마진을 향상시킬 수 있는 신기술은 경쟁 업체도 받아들일 가능성이 높습니다. 이는 신기술이 제공하는 비교 우위가 없다는 것을 의미합니다. 하지만 이보다 안 좋은 상황은 경쟁 업체 중 하나가 신기술이 제공하는 비용 절감을 활용해 가격을 할인해서 시장 점유율을 늘리는 경우입니다. 예를 들어, 새로운 기술 XY가 한 회사의 비용을 10% 절감해 주었다고 합시다. 좋은 일입니다. 그런데 경쟁 업체 역시 신기술 XY를 도입하여 10%의 비용 절감을 했습니다. 그럼 두 업체 모두 이익이 늘었습니다. 그런데 경쟁 업체가 절감한 10% 만큼을 상품 가격을 낮추는 것에 사용해 시장 점유율을 높이려고 하면, 다른 회사 역시 10% 가격을 인하하거나 아니면 시장 점유율을 빼앗겨야 합니다. 결국 경쟁자가 많은 상품 기반의 사업에서 신기술로 혜택을 보는 것은 고객뿐이라 할 수 있습니다.

한 회사가 특정한 틈새시장에서 튼튼한 경쟁 우위를 가지고 있는 경우, 경쟁자가 없습니다. 이런 상황에서는 신기술이 제공하는 10%의 비용 절감은 고객을 더 유치해 시장 점유율을 높이고자 가격을 낮추는 일에 사용 되지 않을 겁니다. 코카콜라가 병당 생산 비용을 10센 트 절감하는 신기술을 개발했다면, 펩시가 똑같은 기술 을 개발해 상품 가격을 낮춘다고 해도 코카콜라는 비용 절감의 혜택을 잃지 않습니다. 이는 코카콜라가 펩시보 다 조금 더 비싸더라도 소비자의 신뢰와 충성도가 유지 되기 때문입니다. 튼튼한 경쟁 우위를 가진 회사가 신 기술을 이용해 비용을 절감하고 마진을 높일 수 있는 능 력은 단순한 상품 기반 사업 이상의 우위를 가진 회사들 의 장점 중 하나입니다.

SUCCESSFUL INVESTING

Successful investing requires this crazy combi-
nation of gumption and patience, and then being
ready to pounce when the opportunity presents
itself, because in this world opportunities just
don't last very long.

–

성공적 투자

성공적인 투자는 상황 대처 능력과 인내심이라는 말도
안 되는 조합을 필요로 한다. 그리고 기회가 나타나면
곧바로 거머쥘 준비가 되어 있어야 한다. 기회는 그리
오래 남아 있지 않기 마련이니까.

2009년 3월, 경제 위기가 닥쳤습니다. 모든 사람이 미국 정부가 모든 미국의 대형 은행을 국유화해야 할 것이라 생각하던 때였습니다. 당시 찰리는 자기 회사인 데일리 저널을 통해 웰스 파고 은행의 주식 160만 주를 주당 약 8.58달러의 가격에 매수했습니다. 오늘날 웰스 파고 주식은 주당 47달러 선에서 거래가 되고 있습니다. 찰리는 (1) 좋은 투자처를 찾는 데 집중하고 있었고, (2) 기회가 스스로 나타나는 것을 인내심을 가지고 기다리며 현금을 쌓아두고 있었기에 이러한 일을 할 수 있었습니다. 마지막으로 웰스 파고를 충분히 잘 이해하고 있었기에 그 은행이 파산하거나 정부 소유가 될 가능성이 매우 낮음을 알고 있었습니다. 이 구매 기회는 겨우 몇 주만 지속되었습니다. 찰리에게는 좋은 기회가 생겼을 때 그걸 거머쥘 상황 대처 능력이 있습니다.

BEATING THE AVERAGE

It is in the nature of stock markets that they go down. So people suffer then. Conservative investing and steady saving without expecting miracles is the way to go. Some people in this room can figure out how to average twice the rate of return. I can't teach everyone else to do it. It is pretty difficult.

평균을 너머

주가가 하락하는 건 주식 시장의 본성이다. 하락장에서 사람들은 고통스러워한다. 보수적인 투자와 기적을 바라지 않는 꾸준한 저축이 답이다. 여기 있는 사람 몇몇은 평균보다 2배 높은 수익을 내는 방법을 알아낼 것이다. 그러나 모든 사람에게 그 방법을 가르치진 못한다. 너무 어려운 일이다.

＊

주식 시장의 평균보다 좋은 성적을 내는 것은 어렵긴 하지만 불가능하진 않습니다. 하지만 그렇게 되기까지 무척 많이 읽어야만 합니다. 대부분의 사람에게는 돈을 저축하다가 하락장에서 인덱스 펀드에 가입하여 계속 보유하는 것이 가장 단순하고 쉽고 안전한 투자입니다. 인덱스 펀드에 투자한 사람은 은퇴하고 나서 필요에 따라 그것을 팔면 됩니다. 하지만 투자 지식을 얻고자 공부에 많은 시간과 에너지를 투자하는 사람에게 주식 시장은 상상하기 힘들 만큼 거대한 부를 쌓을 수 있는 끝없는 기회의 바다입니다.

COMMISSIONS

Everywhere there is a large commission, there is
a high probability of a rip-off.

—

수수료

수수료가 높은 곳은
높은 확률로 바가지를 씌운다.

수수료는 인센티브와 같습니다. 찰리에게 인센티브는 의식적, 무의식적으로 동기 부여를 하는 것입니다. 커미션을 받는 재무 설계사와 증권 중개인은 투자 방식을 계속 변경하도록 권유할 동기가 있습니다. 그렇게 해야 더 많은 수익을 올릴 수 있는데, 고객이 사고파는 횟수가 많아질수록 수수료도 높아지기 때문입니다. 그래서 그들은 고객 계좌에서 사고파는 것을 반복하고, 그 횟수가 많아질수록 그들은 부유해지고 고객은 가난해 지는 것입니다. 어쩌면 코미디언 우디 앨런이 말한 것이 사실일 수 있습니다. "증권 중개인이란 다른 사람의 돈으로 그 돈이 없어질 때까지 투자를 하는 사람이다."

Part II

—

경제

THE GREAT DEPRESSION

You don't ever want to do anything to push an
economy to collapse. Terrible things result.

—

대공황

경제가 붕괴할 만한 일은 하지 마라.
그 결과는 끔찍하다.

＊

찰리가 경험한 1930년대의 대공황은 현재 대부분의 미국인들에게 먼 기억이자 역사책 몇 장으로 정리된 내용에 지나지 않습니다. 전 세계에서 직장을 잃은 사람이 수백만에 달했고 그 엄청나고도 강력한 충격으로부터 완전히 회복하기까지 많은 국가가 몇십 년이 걸렸다는 사실이 잊혀졌습니다.

당시에 상황이 얼마나 안 좋았을까요? 다음 상황을 보시면 이해하기 쉬울 겁니다. 서브프라임 사태로 야기된 2007년에서 2009년까지의 경제 위기 기간 동안 전 세계 GDP의 1%가 하락했습니다. 대공황 시기, 전 세계의 GDP는 무려 15%나 하락했습니다. 대공황 기간 동안 미국의 무역은 50%나 감소했습니다. 작물 가격은 60%나 하락했으며 실업률은 25%까지 치솟았습니다. 유럽 경제는 너무나 심하게 손상되어 많은 나라가 민주주의 체제에 대한 믿음을 잃었고, 고칠 수 없을 것만 같은 상황을 이겨내고자 필사적인 몸부림을 쳤습니다. 그런 상황 속에서 파시즘이 발흥한 것입니다. 그 결과는 유럽을 비롯한 전 세계가 끔찍한 죽음과 파괴의 공포에 시달린 세계대전으로 이어졌습니다. 찰리는 그 시기를 겪었기에 한 국가가 나락으로 떨어지는 일은 경제가 붕괴되는 것에서 시작한다는 것을 뼈저리게 알게 되었습니다. 만약 민주주의가 금융 기관을 통제할 힘을 찾지 못한다면, 결국 국민은 그렇게 할 수 있는 폭군에게 힘을 실어 주리라는 것을 찰리는 알고 있습니다.

REGULATING BANKS

Banks will not rein themselves in voluntarily.
They need adult supervision.

—

은행 규제

은행은 자발적으로 고삐를 죄지 않을 것이다.
그들은 어른의 감시가 필요하다.

찰리는 늘 은행 산업의 규제를 완화하는 일은 국회가 할 수 있는 너무나 어리석은 일이라고 생각했습니다. 찰리는 미국의 위대한 번영이 시작된 1930년대에 투기적인 투자은행을 보수적인 상업 은행에서 분리시킨 1933년 글래스스티걸법Glass–Steagall Act of 1933이 도입되는 것을 봤습니다. 그래서 1999년 국회의 글래스스티걸법 폐지가 상업 은행으로 하여금 투자은행처럼 행동하게 하고, 예금주 돈으로 투기하는 어리석을 짓을 부추기는 것이라 생각했습니다. 2007년부터 2009년까지 있었던 월가의 붕괴는 찰리가 옳았음을 증명했습니다. 미국 국회가 한 가장 멍청한 짓 중 하나는 글래스스티걸법을 폐지한 것입니다.

TOO BIG TO FAIL

Capitalism without failure
is like religion without hell.

—

대마불사

실패 없는 자본주의는
지옥 없는 종교와 같다.

2008년 서브프라임 모기지 사태로 미국의 초대형 모기지론 업체들의 파산이 시작되었습니다. 연방준비제도 이사회 의장 벤 버냉키Ben Bernanke와 미 재무부 장관 행크 폴슨Hank Paulson은 골드만 삭스, 시티은행, 메릴 린치, AIG 등 대형 금융사들을 파산시키기에는 그 여파가 너무 크다고 판단했습니다. 정부가 이런 금융 기관이 망하게 두지 않을 것임을 공포한 것입니다. 만약 월가 은행에게 파산의 공포가 없다면, 경영진은 사업에 무분별한 대출을 사용하고 또 예금주와 주주의 돈으로 도박을 하는 일을 꺼리낌없이 할 겁니다. 정부가 대형 금융사에 자금을 지원하는 안전 대책을 마련함으로써 연방준비은행은 금융 기관의 어리석은 행동과 파괴의 또 다른 사이클을 조성한 것입니다.

하지만 그런 암울한 미래에도 일말의 희망은 있습니다. 주식 시장에 커다란 격변이 일어날 때, 투자자가 모두 겁에 질려 출구를 찾을 것이고, 그런 공포의 순간에 장기적 경쟁력을 갖춘 훌륭한 사업체의 주식이 저렴한 가격에 팔릴 것이기 때문입니다. 앞서 말했던 것처럼, 찰리는 2008년 금융 위기로 웰스 파고 은행 매수 기회가 생겼을 때 바로 그 기회를 잡았습니다. 한 사람에게는 지옥이 다른 사람에게는 천국일 수 있습니다. 특히, 그 지옥이 뛰어난 사업체의 주식이 저렴해진다는 것을 의미한다면 말입니다.

BORROWED MONEY

We have monetized houses in this country in a
way that's never occurred before. Ask Joe how
he bought a new Cadillac—from borrowing on his
house. ... We have financial institutions, including
those with big names, extending high-cost credit
to the least able people. I find a lot of it revolting.
Just because it's a free market doesn't mean it's
honorable.

빌린 돈

우리는 지금까지 존재하지 않던 방식으로 이 나라의 집들을 수익화했다. 이웃집 조에게 어떻게 새로운 캐딜락을 살 수 있었는지 물어보라. 집을 담보로 돈을 빌린 것이다. 대형 금융사들을 포함한 금융 기관은 대출 기준에 적합하지 않는 사람에게도 높은 이자를 받고 대출을 해 준다. 나는 그런 행위에 혐오감을 느낀다. 자유 시장이 꼭 명예로운 것은 아니다.

미국은 실업률을 없앨 목적으로 연방준비은행이 위험 부담을 자청한 나라입니다. 이는 사람들이 부유하다고 여기게 만들어 더 많은 돈을 소비하게 만들고, 경기가 살아나 그 과정에서 고용 기회가 생겨나게 하려는 전략의 일환입니다. 연방준비제도가 소비자 주머니에 돈을 더 넣어 줄 수 있는 가장 쉬운 방법은 신용카드와 주택 담보로 대출을 쉽게 만드는 것입니다. 이자율을 낮추고 은행과 대출 회사의 신용 점수 요구 조건 완화를 모른 척하여 대출을 장려합니다. 이렇게 생긴 빚과 소비자의 과소비는 버블을 형성합니다. 결국 버블은 터지고 주가가 무너지면 경기는 하락세로 돌아서고, 사람들은 일자리를 잃어서 집을 소유한 사람은 빌린 돈을 갚지 못하게 됩니다. 이는 끔찍한 악몽을 만듭니다.

FREE-MARKET FOLLY

These crazy booms should be watched. Alan
Greenspan didn't think so. He's a capable man
but he's an idiot. You should not make him the
father of all banking. His hero is Ayn Rand. It's an
unlikely place to look for wisdom. A lot of people
think that if an ax murderer goes around killing
people in a free market it's all right.

자유 시장의 실수

미친듯한 호황은 주의해야 한다. 앨런 그린스펀은 그렇게 생각하지 않았다. 유능한 사람이지만 멍청이다. 그가 모든 은행의 아버지가 되어서는 안 된다. 그의 영웅은 에인 랜드로, 지혜를 구할 만한 사람이 아니다. 많은 사람이 자유 시장 안에서는 도끼 살인범이 사람을 죽여도 괜찮다고 생각한다.

1987년부터 2006년까지 연방준비제도이사회 의장을 지낸 앨런 그린스펀은 러시아 태생 작가이자 철학자인 에인 랜드Ayn Rand의 자유 시장에 관한 설교를 추종했습니다. 닷컴버블이 꺼지면서 발생한 1990년대 후반의 주식 시장 불황과 2000년대 초반의 주택 시장 버블 현상을 완전히 무시했습니다. 이 두 버블이 세계 경제를 거의 파괴시킨 2008년 서브프라임 모기지 사태를 유발했습니다. 그린스펀은 정부가 시장에 절대 개입을 해서는 안 된다고 믿었으며, 이는 정부가 월가의 과도함에 개입하면 안 된다는 것을 뜻했습니다. 그러나 주식 시장이 하락하기 시작하며 연방준비제도를 공격적으로 사용하여 시장에 돈을 쏟아붓고 주식 시장의 하락을 멈추기 위해 노력했습니다. 그 사실을 생각해보면 그린스펀의 주장은 이상합니다.

그린스펀의 후임인 벤 버냉키는 2006년 연방준비제

도이사회 의장에 올랐으며 주택 시장의 버블을 늦추지 않고 계속 키웠습니다. 처음 버블이 터졌을 때, 버냉키는 전임자와 같이 반응했습니다. 돈을 더 찍어내 시장에 쏟아붓고 금융 시장 붕괴는 물론 실업률을 낮추려고 노력했습니다. 그가 재임한 8년 동안, 연방준비제도는 3조 달러 이상을 시장 경기 활성화를 위해 투입했습니다. 그러나 그의 노력이 자산 인플레이션을 유발하고 주식 시장과 주택 시장에 다시 한번 버블을 형성했습니다. 뉴욕 양키스의 전설 요기 베라Yogi Berra가 말했던 것처럼 "어디서 많이 본 상황It's deja vu all over again"입니다.

BANKING DEREGULATION

People really thought that giving a predatory class
of people the ability to do whatever they wanted
was free-market enterprise. It wasn't. It was legal-
ized armed robbery. And it was incredibly stupid.

–

은행 규제 완화

포식자 계급에게 원하는 모든 일을 할 수 있는 능력을
주는 것이 자유 시장 경제라고 진심으로 생각했던 사
람들이 있다. 아니었다. 합법화된 무장 강도였을 뿐이
다. 그리고 믿기 힘들 정도로 어리석은 짓이다.

＊

여기서 찰리는 1990년대 후반 은행 규제 완화를 계획한 두 명의 거물, 전 연방준비제도 이사회 의장 앨런 그린스펀과 전 미 재무부 장관 로버트 루빈Robert Rubin이 틀렸다는 말을 점잖게 하고 있습니다. 찰리가 정말 하고자 하는 말은 은행 규제 완화가 멍청한 짓이었다는 겁니다. 규제를 받지 않는 은행이나 보험 회사의 경영진이 대출을 받아 투기성 도박을 할 인센티브가 생기기 때문입니다. 투기가 성공하면, 경영진은 수천만 달러의 보너스를 받고, 실패해도 손실을 감당하는 것은 은행의 주식 보유자와 예금주입니다. 몇 개의 대형 은행이 동시에 붕괴하면, 나라 경제 전체가 무너질 수도 있습니다. 역사는 반복적으로 정부 규제가 금융 전문가가 다른 사람의 돈, 더 나아가 미국의 경제적 안녕을 가지고 도박하는 행위를 멈출 유일한 수단임을 보여줍니다.

WALL STREET EXCESSES

We have a higher percentage of the intelligentsia engaged in buying and selling pieces of paper and promoting trading activity than in any past era. A lot of what I see now reminds me of Sodom and Gomorrah. You get activity feeding on itself, envy and imitation. When it happened in the past, there were bad consequences.

–

월가의 질주

과거 어느 때보다 주식을 사고팔고, 거래를 촉진하는 일에 종사하는 지식인의 비율이 높은 시대다. 내 눈에 보이는 많은 것이 소돔과 고모라를 떠오르게 한다. 질투와 모방이 자가 증식을 한다. 과거에 이런 일이 일어났을 때, 결과는 좋지 않았다.

✳

2007년의 월가는 소돔과 고모라의 왕국을 닮았습니다. 서브프라임 자금이 넘쳤으며, 보너스는 거대했고, 파티는 열광적이었습니다. 작은 부지에 크고 화려하게 지은 주택과 비싼 스포츠카가 이 시기의 특전이었습니다. 하지만 가장 커다란 죄악은 서브프라임 모기지를 한데 묶어 순진하고 굶주린 대중에게 높은 등급의 신용도로 속여서 팔았다는 겁니다. 성경의 옛 이야기에서, 신은 사악하고 무분별한 행동을 일삼던 소돔과 고모라를 파괴했습니다. 하지만 연방준비은행의 벤 버냉키와 미 재무부의 행크 폴슨의 행색을 하고 있는 신은 금융 종사자들이 나락으로 떨어지기 직전에 그들을 구했습니다. 때로는 죄인을 구하는 것이 죄인과 함께 나라 전체가 무너지는 것보다는 좋을 수 있습니다. 만약 여러분이 그 죄인 중 한 명이라면 더더욱 그럴 겁니다.

PRINTING MONEY

I think democracies are prone to inflation
because politicians will naturally spend—
they have the power to print money
and will use money to get votes.

—

화폐 발행

나는 민주주의가 인플레이션에 취약하다고 생각한다.
정치인은 지출하는 것이 본성이기 때문이다.
정치인에게는 화폐를 발행할 힘이 있고,
선거에서 표를 얻기 위해 돈을 이용할 것이다.

'화폐 발행을 멈추지 마라!' 미국이 채무 불이행에 빠지지 않는 이유 중 하나는 필요한 만큼 달러를 발행할 힘이 있기 때문입니다. 어떻게 그게 가능할까요? 연방준비은행은 화폐를 발행한 뒤, 공개 시장에서 미국 국채 혹은 원하는 채무 증권을 매수합니다. 예를 들어, 미국 재무부가 곧 만기가 다가오는 미국 정부의 채무를 갚으려면 1,000억 달러가 필요하다고 칩시다. 그럼 재무부는 그저 국채를 더 발행하고, 연방준비은행이 그것을 공개 시장에서 구매하면 됩니다. 원칙적으로 연방준비은행은 이런 행위를 좋아하지 않습니다. 차라리 미국 정부가 중국 같은 나라에서 돈을 빌려오는 것을 선호합니다. 중국은 현재 1.2조 달러에 달하는 미국 정부 채권을 보유하고 있습니다. 다시 말해 미국 정부는 중국에 1.2조 달러의 빚이 있습니다. 하지만 중국 입장에서는 미국의 채무 불이행을 걱정하지 않아도 됩니다. 왜냐하면 연방준비은행은 언제든 별도의 1.2조 달러를 발행하여 그것을 미국 정부에 빌려주고 미국 정부가 중국에게 판매한 채권 값을 지불하게 할 수 있기 때문입니다.

그리스, 이탈리아, 스페인의 문제는 그들이 유로를 자기 화폐로 받아들이면서 중앙은행이 화폐를 더 발행할 수 있는 힘을 유럽중앙은행으로 넘겼다는 것입니다. 유럽중앙은행이 이들을 위해 별도의 수천억 유로를 발행할 의사가 있지 않는 한, 그리스, 이탈리아, 스페인은 자기 채무에 대해 채무 불이행을 선언할 가능성이 있으며 이는 세계 금융 시스템의 조직적 붕괴를 초래할 수 있습니다.

ASSET INFLATION

I remember the $0.05 hamburger and a $0.40-per hour minimum wage, so I've seen a tremendous amount of inflation in my lifetime. Did it ruin the investment climate? I think not.

—

자산 인플레이션

햄버거 가격이 5센트고 시간당 최저 임금이 40센트였던 시절을 지나왔으니, 살아오면서 엄청난 인플레이션을 겪은 셈이다. 그것이 투자 환경을 망쳤는가? 그렇지 않다.

햄버거 가격이 오를수록 햄버거를 파는 회사의 주식 가격도 오릅니다. 인플레이션은 상품과 자산 가격 모두를 높이며, 주식은 회사 자산의 소유권을 대변합니다. 인플레이션은 자산 소유자의 친구입니다. 그리고 현금이나 채권 소유자의 적입니다. 왜냐고요? 연방준비은행이 화폐를 발행해서 시장에 유통하면 이자율이 낮아집니다. 그럼 주식과 부동산 같은 금융 자산의 가격이 오릅니다. 그러나 연방준비은행이 화폐를 더 발행하면 달러의 구매력이 낮아지고, 비용이 높아집니다. 50년 전 햄버거는 한 개에 40센트였고 현재는 7달러입니다. 그리고 1965년에 5만 달러였던 주택은 현재 50만 달러입니다. 1965년 910포인트였던 다우존스 산업평균지수는 현재 17,000포인트입니다. 현금을 보유하고 있었다면, 그 값어치는 매년 감소했을 겁니다. 1996년에 20년 만기 채권을 매수해서 2016년에 현금화했다면 그 돈의 가치는 해당 채권을 매수했을 때의 가치보다 낮을 겁니다.

인플레이션은 은행과 보험 산업을 돕습니다. 위에 언급한 5만 달러 주택이 현재는 50만 달러의 가치를 갖기 때문에 집을 구매하려면 은행에서 45만 달러를 더 빌려야 합니다. 거기에는 5만 달러짜리 대출보다 훨씬 더 많은 은행 수수료가 붙습니다. 부동산 보험회사 역시 5만 달러짜리 부동산의 보험에서 얻는 수익보다 50만 달러짜리에서 얻는 수익이 훨씬 더 큽니다.

위의 예에서, 은행과 보험 회사 모두 인플레이션으로 사업이 1,000% 성장했지만, 직원을 고용하거나 회사 규모를 키울 필요가 없습니다. 이제 왜 찰리와 워런이 보험 회사와 은행을 좋아하는지 이해가 될 겁니다. 은행과 보험은 완벽한 인플레이션 대비책인 것을 넘어서 인플레이션의 혜택을 받습니다. 은행과 보험 회사에게 인플레이션은 끊임없이 베푸는 선물과 같습니다.

OIL RESERVES

I think the hydrocarbon reserves in the United
States are one of the most precious things we
have, every bit as precious as the topsoil of Iowa.
Just as I don't want to export all the topsoil in
Iowa to Iran or someplace, just because they are
willing to give us some money, I love the hydrocar-
bon reserves we have in the ground. The fashion
is to be independent and to use them up as fast as
we can. I think that's insanity as a national policy.

원유 재고

석유와 천연가스 매장량이 미국이 보유한 값진 것 중 하나이며, 한방울 한방울이 아이오와의 표토 만큼이나 귀중하다 생각한다. 사고 싶어하는 사람이 있다는 이유로 아이오와의 표토 모두를 이란 혹은 다른 나라로 수출하는 것을 원치 않는 것 만큼이나 미국 땅에 매장되어 있는 석유와 천연가스를 아끼고 사랑한다. 최근의 흐름은 해외에 석유와 천연가스 공급을 의존하지 않고 국내에서 생산하여 가능한 빨리 소진하는 것이라 알고 있다. 이는 미친 국가 정책이라 생각한다.

여기서 찰리는 미국의 원유 재고량에 대해 말하고 있습니다. 그는 원유는 귀중한 자원이며 석유는 미국 경제와 국가 안보에 필수이기 때문에 아껴야 한다고 생각합니다. 미국의 천연가스 매장량은 자동차를 굴리고, 비행기를 띄우고, 비료·합성 소재·의류·플라스틱·아스팔트를 생산하고, 기계에 기름칠을 하고, 전기를 생산하는 화학 원료입니다. 석유가 없으면 미국 경제는 즉시 멈출 수밖에 없습니다. 찰리는 석유 자립과 미국이 보유한 석유 매장량을 가능한 빠르게 소비하려는 현재의 국가 정책이 미친 짓이라고 봅니다. 석유를 완전히 다 소비하면 석유를 생산하는 국가들에게 계속 휘둘릴 수밖에 없기 때문입니다. 찰리는 만일의 경우를 대비해 보유한 석유를 아끼고 대신 사우디아라비아의 석유를 수입하여 사용해야 한다고 주장합니다.

KOREA

Koreans came up from nothing in the auto business. They worked 84 hours a week with no overtime for more than a decade. At the same time every Korean child came home from grade school, and worked with a tutor for four full hours in the afternoon and the evening, driven by these Tiger Moms. Are you surprised when you lose to people like that? Only if you're a total idiot.

대한민국

한국인은 맨땅에서 자동차 산업을 시작했다. 일주일에
84시간을 일하며 10년 넘게 야근 수당도 받지 않았다.
동시에 모든 한국 어린이는 하교 후에 엄한 엄마의 지
도 아래 오후와 저녁 4시간 동안 과외를 받았다.

그런 사람에게 졌다는 사실이 놀라운가?

놀라는 사람이 바보 천치다.

찰리는 모두가 취직만 된다면 돈을 벌기 위해 지칠 줄 모르고 일을 하던 대공황의 시기에 성장했습니다. 하지만 시간이 지남에 따라 나라가 부유해지면서 미국인은 게을러지기 시작했습니다. 하루에 10시간씩 일주일에 6일을 일하던 근면함이 사라진 것입니다. 한국인은 미국의 조부모님 세대가 그랬던 것처럼 성공하려는 의욕이 엄청납니다. 여기서 찰리가 말하고 있는 것은 오늘날의 글로벌 경제에서 새로운 승자로 떠오를 곳은 뚱뚱하고 건방져진 과거의 승자가 아니라 근면 성실하게 일하는 한국과 같은 국가라는 것입니다.

CARROTS & STICKS

If we're going to prosper, we have to work. We
have to have people subject to carrots and sticks.
If you take away the stick the whole system won't
work. You can't vote yourself rich.
It's an idiotic idea.

—

당근과 채찍

사회가 번영하려면 일을 해야 한다. 당근과 채찍이 필
요하다. 채찍이 없으면 모든 시스템이 제대로 작동하지
않을 것이다. 투표로 부자가 될 수 있다고 믿는 건
바보 같은 짓이다.

＊

찰리는 진정성 있는 '쉬지 않고 열심히 일하는' 자본주
의자입니다. 여기서 그는 국가는 일을 해야 하고, 식량
을 생산하고, 도로·건물·공장을 건설해야 하며, 필요한
재화를 생산해야 한다고 말하고 있습니다. 일을 하지 않
으면, 굶주리고 노숙자가 됩니다. 그 사실이 채찍이 되
어 사람들을 일하게 만듭니다. 할아버지 할머니가 그렇
게 열심히 일한 것은 탐욕스러워서가 아닙니다. 집세를
내지 못하고 가족이 굶주리게 될지도 모른다는 두려움
때문입니다. 오늘날 그런 두려움은 사라졌습니다. 의료
보험과 대학 교육이 무료로 제공되어야 한다고 요구하
고, 일자리를 잃을 경우 음식과 거처가 제공되어야 한
다고 요구하는 권리 의식으로 대체되었습니다. 국가는
일하려는 의지를 잃고 있으며, 이는 우리가 게을러진 탓
이 아니라, 일하지 않는 것에 대한 두려움을 잃었기 때
문일지도 모릅니다.

OUT-OF-CONTROL BANKERS

I do not think you can trust bankers to control
themselves. They are like heroin addicts.

—

통제 불능의 은행가들

나는 은행가가 자신을 스스로 통제할 수 있다고 믿지
않는다. 그들은 마약 중독자와 비슷하다.

＊

마약 중독자는 자기 자신과 가족을 파멸시킬 수 있습니다. 은행가는 자기 자신과 나라 경제 전체를 파괴할 수 있습니다. 은행가는 고객으로부터 엄청난 금액을 위탁받아 운용하고 있기에 투자를 할 때 신중해야 하지만, 종종 고객의 돈을 활용해 더 많은 돈을 차입하고 '투자'라는 명목하에 투기를 하곤 합니다. 이는 은행가가 투기에 성공하면 미국 대중에게 전문적인 재무 전문가가 관리하고 있으니 차입을 걱정하지 말라고 말하며 스스로에게 급여와 보너스의 형태로 수백만 달러를 지급할 수 있기 때문입니다(2008년 서브프라임 모기지 사태에서 월가 은행을 파괴한 사람들이 바로 그 재무 전문가입니다). 은행의 과도한 차입을 막을 수 있는 유일한 방법은 미국 정부가 엄격한 규제를 하는 것인데, 은행은 이를 막기 위해 끊임없이 싸우고 있습니다. JP 모건 체이스가 2014년 단 한 해 동안 사용한 미국 국회 로비 비용은 620만 달러입니다. 2014년 한 해 동안 시중 은행은 국회 로비 비용으로 총 6,000만 달러를 사용했습니다. 어떤 로비를 했을까요? 은행 산업에 대한 정부 규제에 관한 것입니다. 찰리가 말하려는 것은 수많은 은행가 차입과 투기에 중독이 되었다는 것입니다. 부유하고 영향력 있는 사람이 되는 것이 은행가의 목표입니다.

DERIVATIVE DANGER

If you intelligently trade derivatives it's like a license to steal, so you can understand why they all want to do it … but what is the big plus in having everyone gamble with everyone else? I lived in a world with low gambling for decades when I was younger and I liked it better. I think it was better for the country. It's like having thousands of professional poker players. What damn good are they doing for anybody?

파생상품의 위험

파생상품을 지능적으로 거래하는 것은 무엇이라도 훔칠 수 있는 면허증을 가지는 것이나 다름없다. 그래서 많은 사람이 파생상품을 거래하고 싶어 하는 것이다. 모두가 모두와 도박을 하면 대체 무슨 이득이 있는가? 나는 젊을 때 도박이 없는 세상에서 수십 년을 살았다. 그 시절이 미국을 위해서 더 좋았다고 생각한다. 지금은 수천 명의 프로 포커 선수가 활동하고 있다. 그들이 누구에게 어떤 이득을 주고 있나?

파생상품 거래의 문제는 엄청난 금액을 쉽게 벌 수 있다는 겁니다. 그래서 파생상품을 운용하는 은행가가 스스로를 통제하기 매우 어렵습니다. 거래하다가 자제력을 잃고 심각한 상황에 처하곤 합니다. 그 정도가 심하면, 경기 침체로 수백만 명이 일자리를 잃을 수 있습니다.

옥스퍼드대학에서 응용 수학 박사 학위를 받은 폴 윌모트Paul Wilmott에 따르면, 전 세계 파생상품 시장의 명목상 가치는 약 1,200조 달러입니다. 엄청난 금액이죠. 이는 대략 60조 달러 규모인 세계 경제보다 20배나 더 큽니다. 현재의 파생상품 시장은 금융 위기를 겪은 지난 2008년과 비교하여 20%나 더 성장했습니다. 그렇다면 미국 은행은 이 파생상품의 위험에 얼마나 노출이 되었을까요? 다음을 사례를 보시면 알 수 있습니다. JP 모건 체이스의 총자산은 2조 달러입니다. 그런데 파생상품의 잠재적 위험은 52조 9,000억 달러가 넘습니다.

시티은행Citibank의 총자산은 1조 3,000억 달러이며, 파생상품의 잠재적 위험은 52조 달러가 넘습니다. 골드만삭스의 총자산은 1,430억 달러이며 파생상품의 잠재적 위험은 44조 4,000억 달러입니다.

여기서 은행 입장에서 즐거운 지점이 있습니다. 1,200조에 달하는 파생상품 시장은 엄청나게 복잡하고, 정부의 규제를 전혀 받지 않으며, 은행 트레이더가 장악하고 있습니다. 미국 정부가 파생상품 거래를 규제하려는 낌새만 보여도 금융 로비스트 무리가 워싱턴 의사당으로 몰려가 파생상품을 소유한 의원에게 그 사실을 상기시키며 규제 법안을 저지합니다. 그런데 이것이 끝이 아닙니다. 정부와 학계 심지어 은행권에서조차 유래 없이 가장 크게 성장한 파생상품 시장 내부에 도사리고 있는 위험을 제대로 인지하고 있는 사람이 없습니다.

CARRY-TRADE FOLLY

There's a lot of leverage in those carry-trade games. Other people are more certain than I am that the aircraft can always be leased.

—

차입거래의 어리석음

차입거래 시장에는 대량의 레버리지가 동원된다. 나와 달리 비행기를 언제든 빌릴 수 있다고 믿는 사람들이 있다.

통찰력이 담긴 말입니다. 찰리는 이 말을 차입거래 시장이 폭발하여 리먼 브라더스와 다른 몇 개의 월가 회사를 파괴하는 사건이 발생하기 3년 전인 2005년에 했습니다. 차입거래란 일정한 이자율로 많은 돈을 빌려서 그보다 높은 수익률을 내는 자산을 구입하는 행위를 뜻합니다. 찰리는 이를 빌린 돈으로 비행기를 구입하여 이를 대출 이자보다 더 높은 금액에 임대해 주는 것에 빗댑니다. 여기서 이익은 대출 이자와 비행기 임대비의 차이입니다. 여기에는 한 가지 문제가 있는데, 비행기를 임대한 회사가 임대비를 지불하지 못하게 되면, 대출금을 갚을 돈도 없어진다는 점입니다.

리먼 브라더스와 다른 투자 은행들이 실수 한 부분은 단기 상업 어음 시장에서 수십억 달러를 빌려 그 돈을 10년 그리고 20년짜리 서브프라임 모기지에 빌려주었다는 것입니다. 리먼 브라더스의 단기 어음이 만기가 되었을 때, 대출업체는 해당 어음의 부채 상환을 연기했습니다. 하지만 그때 예상치 못한 일이 발생합니다. 사람들이 서브프라임 모기지에 대해 채무불이행을 시작해 리먼 브라더스는 받아야 할 이자를 갑자기 받지 못하게 되었습니다. 다시 말해 리먼 브라더스가 은행으로부터 대출받은 돈에 대한 이자를 낼 돈이 없어진 겁니다. 은행들이 이 사실을 알게 되자 부채 상환 연장을 거부했습니다. 리먼 브라더스는 그 사건이 발생하고 일주일도 지나지 않아 파산 신청을 했습니다.

CORRUPTION IN ASIA

You cannot just go invest in China, however. The
first movers can get killed. There's a saying in
Indonesia: 'What you're calling corrupt is Asian
family values.'

—

아시아에서의 부패

그런데 중국에서는 무턱대고 투자해서는 안 된다.

처음 진입하는 사람은 망할 수도 있다.

인도네시아에는 이런 말이 있다.

"당신이 부패라고 부르는 것이 동양의 가족 가치다."

＊

2002년, 찰리와 워런은 마침내 중국에 투자를 합니다. 중국석유천연가스주식회사Petro China의 주식 5억 달러를 매수해 훗날 35억 달러에 매도했습니다.

찰리는 왜 아시아에서 부패를 조심하라고 했는데도 중국석유천연가스주식회사를 믿고 투자했을까요? 중국 정부가 그 회사의 지분 88%를 소유하고 있었기 때문입니다. 실제로, 중국 정부는 중국 공개 상장 기업 상위 30개 중에서 29개를 관리하고 있습니다. 만약 그중 한 회사의 주식을 보유하면, 실질적으로 중국 정부를 파트너로 두게 됩니다. 중국 정부는 미국처럼 수상한 기업의 CEO를 구제하지 않습니다. 대신 잘못을 저지른 기업의 CEO를 춥고 어두운 감방으로 보내 잘못을 반성하게 합니다. 이것이 찰리와 워런이 중국 기업에 5억 달러를 투자하고도 두 다리 뻗고 잘 수 있었던 비결입니다.

THE MIRACLE OF CHINA

If you take what China has done from what China
was, there's been no achievement on this scale in
the entire history of the world.

—

중국의 기적

과거의 중국과 현재 중국이 이룬 것을 고려할 때, 이런
규모의 성취는 전 세계 역사를 통틀어 유래가 없다.

옛날 옛적, 중국은 소련식 계획 경제를 시행하는 낙후된 공산주의 농업 국가였습니다. 저 유명한 자유시장 경제학자 밀턴 프리드먼Milton Friedman이 진저리를 치며 두 손을 들 나라였죠. 하지만 1979년부터 중국은 자본주의의 교리에 공산주의적 요소를 가미하여 역동적인 시장 중심의 산업/첨단기술 경제로 탈바꿈하기 시작합니다. 단 30년 만에 섬유, 카메라, 휴대폰, 컴퓨터를 세상에서 가장 많이 만들고 소비하는 국가, 철강과 자동차를 가장 많이 생산하는 국가가 되었습니다.

2008년 버크셔 해서웨이는 중국판 테슬라인 BYD 컴퍼니BYD Company에 2억 3,000만 달러를 투자했습니다. 찰리는 이 회사의 설립자이자 CEO인 왕 추안푸Wang Chuanfu를 발명왕 토마스 에디슨과 GE의 CEO인 잭 웰치를 결합한 사람이라 말했습니다. 중국 사람이 이렇게 뛰어난 자본주의자가 될지 누가 알았겠습니까?

FREE TRADE

I don't see how we bring back that age where an
uneducated man can march ahead rapidly. As
long as we have free trade and worldwide compe-
tition, and I don't want to stop having free trade
with a big nuclear power like China. China and
the United States have to get along. Each country
would be out of its mind not to get along with the
other. I think trade helps us to get along.

자유 무역

교육을 받지 않은 사람이 출세할 수 있던 시대로 되돌아갈 방법이 뭔지 모른다. 자유 무역과 전 세계적인 경쟁이 있는 한, 중국 같은 핵보유 강대국과 자유 무역을 멈추는 것을 원치 않는다. 중국과 미국은 공존해야 한다. 그러지 않으려는 나라가 있다면 미친 것이다. 나는 무역이 모든 국가가 공존하도록 돕는다고 생각한다.

*

미국 공장들이 중국으로 옮겨간 것은 미국 경제사에서 고등 교육을 받지 않은 사람이 공장에서 일하며 출세하던 시대를 끝낸 것과 다름없습니다. 왜일까요? 첫째, 교육을 받지 않은 사람도 다닐 수 있는 양질의 제조업 일자리가 미국에서 사라졌습니다. 그런 일자리는 이제 중국이나 멕시코에 있습니다. 둘째, 미국에서 좋은 일자리는 높은 교육 수준과 훈련을 요구합니다.

자유 무역이 미중 관계를 돕는다고 하지만, 사실 미중 관계는 중국이 1조 2,000억 달러 상당의 미국 정부 국채 및 채권을 보유하고 있는 것과 더 관련이 깊습니다. 즉, 중국이 미국 정부에 1조 2,000억 달러를 빌려줬다는 말입니다. 누군가 1조 2,000억 달러를 빌려갔고 그 돈을 되돌려 받길 바란다면, 매일 아침에 일어나 채무자가 경제적으로 번영하길 바랄 겁니다. 그러니 미중 관계를 돕는 것은 자유 무역이라기보다 중국이 되돌려 받아야 하는 1

조 2,000억 달러입니다. 그리고 미국 입장에서는 늘어가는 정부 재정 적자를 메우기 위한 새로운 1조 달러어치의 채권을 누군가에게 팔아야 한다는 것이 중국과의 관계에 영향을 줍니다. 여기에 핵무기에 대한 우려를 더하면, 찰리가 옳습니다. 미국과 중국이 서로 잘 지내지 못하면 두 나라는 제정신이 아닌 것입니다.

THE MISER

I don't care if somebody makes a lot of money and holds it like a miser. Most people have a vast propensity to spend, helped by spouses and children.

–

구두쇠

나는 누군가 많은 돈을 벌고 구두쇠처럼 부둥켜안고 있어도 개의치 않는다. 대부분의 사람은 배우자와 자녀 때문에라도 소비를 하게 된다.

부유한 사람이 아무 런 도움도 되지 않는 어딘가 깊고 어두운 금고에 처박아둔다는 것은 큰 오해입니다. 200년 전에는 그랬을 수도 있지만, 현대의 부자는 은행이나 펀드를 통해 돈을 필요로 하는 사람과 사업체에 빌려주거나 상업 단체에 투자합니다. 돈을 빌려주지 않거나 투자하지 않으면 돈을 벌 수 없기 때문에, 은행과 투자은행은 돈을 빌려주고 투자할 비즈니스를 찾습니다. 부유한 사람이 없다면, 은행과 투자은행이 집을 사고 빌딩을 건설하고 산업 개발을 지원하고 지역 정부를 지원하는 자금도 적어질 것입니다.

상위 1%가 세상의 부 39%를 좌우한다는 것은 사실 그 부가 잉여 자본으로 투자하느라 정신 없는 은행과 투자은행에 쌓여있다는 뜻입니다. 이는 세상 99%에게 나쁜 일이 아닙니다.

CORPORATE TAXES

If I were running the world I would have low corporate taxes, and get at the yearning for equality some other way, like consumption taxes.

—

법인세

내가 세상을 통치한다면 법인세를 낮추고 소비세 같이 뭔가 다른 방식으로 평등에 대한 열망을 충족시키기 위해 노력할 것이다.

오늘날의 자유 무역 체제에서 기업은 자유로이 한 나라에서 다른 나라로 이동할 수 있습니다. 한 국가의 법인세가 높으면 기업은 그보다 세율이 낮은 나라로 옮겨갈 겁니다. 그렇게 옮겨간 기업은 자신이 보유한 잉여 자본을 새로 안착한 국가의 지역 은행에 보관할 겁니다. 싱가포르와 홍콩이 어떻게 아시아의 대표적인 금융 센터가 되었을까요? 낮은 법인세입니다. 낮은 법인세가 부유한 기업을 유치하고, 이 기업이 가지고 온 잉여 자본은 싱가포르의 OCBC 은행과 홍콩의 뱅크 오브 차이나와 같은 지역 은행에 맡겨져 고도 성장에 도움을 주었습니다. 찰리는 미국에 더 많은 기업을 유치하고 유지하는 방안으로 낮은 법인세를 선호합니다.

REDUCING STANDARDS

The whole world is better when you don't reduce
engineering standards in finance. We skipped a
total disaster by a hair's breadth. …
I'm a big fan of the people who took us through
the crisis. I'm not a big fan of the people who
caused the crisis. Some of them deserve to be in
the lowest circle of hell.

—

기준 낮추기

금융 관련 규제의 기준을 낮추지 않아야 전 세계가 더
좋아진다. 우리는 총체적 난국을 아슬아슬하게 피했
다. 나는 위기를 돌파한 사람의 열렬한 팬이다. 위기를
초래한 사람은 그리 좋아하지 않는다. 그런 사람 중 일
부는 지옥의 최하층으로 가야 마땅하다.

여기서 찰리는 2008년 미국 금융 시스템이 완전히 붕괴되었던 사건을 말하고 있습니다. 다리를 건설할 때, 규제 기준은 다리가 받을 예상 하중보다 훨씬 더 많은 무게를 견딜 것을 요구합니다. 이는 다리가 절대 무너지지 않도록 하는 안전마진을 만듭니다. 금융 세계에서 안전마진은 은행의 출자 총액 비율로 측정됩니다. 부채의 비율이 낮을수록 불황에도 은행이 위험에 빠질 가능성이 낮아집니다. 높을수록 불황에 은행이 위험에 처할 가능성이 높습니다. 은행업의 규제 기준은 은행이 어떤 혼란도 버틸 수 있도록 매우 낮은 부채비율을 유지할 것을 요구합니다. 2007년 월가의 투자은행들은 그런 요구와는 정반대로 역대 최고의 부채 비율을 기록했습니다. 어떤 은행의 대차대조표를 보면 자산 1달러당 부채가 38달러였습니다. 경기 침체가 시작되자, 많은 은행이 말 그대로 하룻밤 사이에 쫄딱 망했습니다.

Part Ⅲ

—

비즈니스

BUY AND HOLD

We just keep our heads down and handle the headwinds and tailwinds as best we can, and take the result after a period of years.

—

매수 후 보유

우린 그저 머리를 숙이고 최선을 다해 역풍과 순풍에 대응하다가 수년이 지난 후에 결과를 가져갈 뿐이다.

찰리는 적절한 가격에 훌륭한 사업체를 얻고 나서 무엇을 하는 것이 현명한 선택인지 압니다. 그 회사의 주식을 손에 쥐고서 유보 이익이 계속 쌓이게 오랫동안 보유하는 것이죠. 그렇게 하면 회사의 근본적인 내재 가치는 계속 상승하고, 시간이 흐르면 회사의 주식 가격도 올라가게 됩니다. 버크셔는 1988년에 코카콜라를 매수해 27년이 지난 현재까지 보유하고 있습니다. 또한 1990년에 웰스 파고 주식을 처음 매수하여 지금까지 보유하고 있을 뿐만 아니라 지금도 계속 웰스 파고 지분율을 키우고 있습니다. 오래 보유하는 동안 코카콜라와 웰스 파고의 내재 가치는 커졌습니다. 몇 번의 상승장과 하락장을 거쳤음에도 두 회사의 주가는 천천히 지속적으로 상승하고 있습니다. 이는 두 회사의 실질 가치가 오르고 있음을 함축합니다. 앞서 언급했듯, 코카콜라의 경우 1988년 버크셔가 투자한 12억 9,900만 달러는 현재

171억 8,400만 달러가 되었으며, 배당금을 제외하고도 연간 평균 수익률이 10.04%입니다. 버크셔가 웰스 파고에 처음 투자를 한 1990년에 2억 8,900만 달러를 들여 구매한 500만 주의 주식은 현재 주식 분할로 4,000만 주가 되었습니다. 이 가치는 대략 19억 달러로 버크셔에게 연평균 7.5%의 수익률을 선사했습니다.

CORPORATE MERGERS

When you mix raisins with turds,
you still have turds.

—

법인 합병

똥에 건포도를 섞어도 여전히 똥이다.

　　　　　　　✳

이 말은 한 회사가 다른 회사를 합병하는 것과 관련 있습니다. 뛰어난 회사가 엉망진창인 회사를 매수하면, 후자가 전자를 갉아먹습니다. 건포도에 똥을 섞는 완벽한 예는 코카콜라의 영화 산업 진출입니다. 이보다도 좋은 예는 걸프앤웨스턴인더스트리스Gulf and Western Industries 그리고 마쓰시타 전기Matsushita Electric의 영화 산업 진출이며, 최고의 예는 캐나다의 양조업체 씨그램Seagram의 영화 산업 진출입니다. 패턴이 보이시나요? 이렇게 훌륭한 회사에 엉망진창인 비즈니스를 섞은 문제의 해결책은 엉망진창인 비즈니스를 손절하는 것었습니다. 이는 합병한 영화 사업을 그것에 매료된 다른 대표이사에게 팔아버리는 것을 의미했습니다. 캐비어와 똥을 섞어도 결국 똥맛 밖에 나지 않는다고 했으면 찰리가 무슨 말을 하려고 했는지가 더 분명했을 겁니다.

GOING TO EXTREMES

In business we often find that the winning system
goes almost ridiculously far in maximizing and
or minimizing one or a few variables—like the
discount warehouses of Costco.

—

극단

비즈니스에서 종종 승리한 시스템이 하나 혹은 소수의
변수를 터무니없을 정도로 극대화하거나 최소화하는
광경을 목격하곤 한다. 대형 할인 매장인 코스트코가
훌륭한 사례다.

*

코스트코는 운영 비용을 최소화하기 위해 엄청나게 노력합니다. 코스트코는 쇼핑백을 제공하지 않습니다. 고객은 빈 백을 직접 가지고 오거나 매장에서 제공하는 빈 박스를 사용해야 합니다. 그래서 비닐 봉투 한 장당 2~5센트를 절약하고, 종이 봉투 한 장당 10~25센트를 절약합니다. 이것이 그리 대단해 보이지 않을 수 있지만, 코스트코의 1년 매출이 150억 달러임을 생각하면 절약되는 금액이 얼마나 큰지 알 수 있습니다. 고객한 명이 평균적으로 한 번 쇼핑할 때마다 100달러를 소비한다면 계산대에서 매년 대략 1억 5,000만 번의 계산이 이루어집니다. 손님이 계산대를 이용할 때마다 10센트짜리 종이 봉투 세 장을 사용한다고 하면 계산 한 번에 30센트의 비용이 들어가고 여기에 1억 5,000만을 곱하면 해마다 봉투 값이 대략 4,500만 달러입니다. 계산대에서 종이 봉투를 없앤 것만으로 코스트코는 1년에

4,500만 달러를 절약하는 것입니다.

미국에서 가장 큰 자동차 보험사인 가이코GEICO는 별난 일을 했습니다. 일찌감치 고객에게 직접 보험을 판매하여 보험 중개인을 없애고 커미션을 없앴습니다. 이것으로 운영비를 줄여 보험 상품의 가격을 경쟁력 있게 만들고도 이익률을 지킬 수 있었습니다.

뱅크오브아메리카는 대형 은행들이 별로 관심을 가지지 않는 개별 예금주에게 서비스를 집중하는 특이한 결정을 내렸습니다. 캘리포니아 인구가 늘어나고 경제 규모가 커짐에 따라 개인 예금주가 늘어나고 예치금 또한 늘어났습니다. 그 결과, 뱅크오브아메리카는 오늘날 미국에서 가장 큰 은행 중 하나가 되었습니다.

다른 경쟁 가구업체가 다수의 모델을 소량 생산하여 공급하는 것과 달리, 버크셔 해서웨이의 네브라스카퍼니처마트Nebraska Furniture Mart는 단일 제조사에게 엄청난 수량의 가구를 주문하여 구매 가격을 낮춥니다. 그렇게 구입한 가구를 경쟁 업체보다 저렴한 가격에 판매하고 있으며, 자신들의 이윤 또한 높게 유지하고 있습니다.

버크셔의 모든 사업체가 가진 한 가지 공통점은 비용을 낮추기 위해 각고의 노력을 할 각오가 되어 있는 사람이 경영을 맡고 있다는 것입니다. 그리고 이는 버크셔 본사도 마찬가지입니다. 버크셔는 인건비 절감을 위해 홍보팀이나 고객 서비스팀이 없으며, 연례 보고서는 수년간 가장 저렴한 종이에 인쇄하고 있습니다. 연례 보고서에 값비싼 컬러 사진은 포함되지도 않았습니다(참고: 최근 연례 보고서의 종이 질이 향상되었고, 한 장의 컬러 사진을 포함합니다. 경영진이 방심하기 시작했다는 조짐일 수도 있습니다).

BIG-MONEY EQUATION

A great business at a fair price is superior to a fair
business at a great price.

–

거액의 공식

적당한 가격의 훌륭한 비즈니스가,
적당한 비즈니스의 훌륭한 가격보다 우월하다.

꘍

이것이 무슨 말인지 숫자를 이용해 살펴보겠습니다. 10
만 달러의 투자금을 갖고 있고 A와 B 회사 중 어디에
투자할지 선택해야 하는 상황이라고 가정해 봅시다.

　A는 주당 수익이 1달러고 주가는 매년 15%씩 상승하
는 중으로, 현재 수익의 20배에 시장에서 거래되고 있
습니다. 주당 20달러에 판매되고 있기에 10만 달러로
A의 주식을 5,000주 매수할 수 있습니다.

　반면 B는 주당 수익이 1달러이며, 주가는 매년 8%씩
주가가 상승하고 있습니다. 주식 시장에서는 수익의 10
배(주당 10달러)에 주식이 팔리고 있는데, 이는 10만
달러로 B의 주식 1만 주를 매수할 수 있다는 뜻입니다.

　언뜻 보면 B 주식을 매수하는 것이 더 좋아 보입니다.
주당 수익이 1달러고 한 주에 10달러이므로 주가수익
률이 10에 불과합니다. A 역시 주당 수익이 1달러지만
한 주당 20달러에 팔리고 있기에 B의 2배 가격에 팔리

는 것입니다. 하지만 향후 10년의 관점에서 주가를 보면 예상 결과는 완전히 달라집니다.

10년 뒤, B의 수익은 1년에 8%씩 증가하여 주당 2.19달러로 성장합니다. 이 회사의 주식이 여전히 수익의 10배에 거래된다면 주당 가격은 21.90달러이며, 이는 주당 11.90달러의 수익을 가져다 줍니다. 주당 수익 11.90달러를 보유한 1만 주로 곱하면 순수익이 11만 9,000달러임을 알 수 있습니다.

반면, A의 경우 수익이 해마다 15%가 상승하기에 10년 뒤에는 주당 수익이 4.05달러가 됩니다. A의 주식이 여전히 수익의 20배에 거래된다면 주당 가격은 81달러이며, 주당 수익은 61달러입니다. 주당 수익 61달러를 보유한 주식 5,000주로 곱하면 A에 투자한 10만 달러의 투자금에서 순이익 30만 5,000달러를 얻게 됩니다.

적당한 가격에 팔리며 훌륭한 사업을 운영하던 A사

는, 훌륭한 가격에 팔리는 것처럼 보였던 괜찮은 회사 B보다 18만 6,000달러의 추가 수익을 올리게 해줍니다. 과거 찰리를 만나기 전, 워런은 B사에 투자하는 것을 택했을 겁니다. 하지만 찰리를 만난 후, 그는 열과 성을 다해 A사의 주식을 매수하는 투자자가 되었습니다. 이것만 기억하세요. "적당한 가격의 훌륭한 비즈니스가, 적당한 비즈니스의 훌륭한 가격보다 우월하다." 이는 찰리와 워런에게 주효했고, 여러분에게도 마찬가지일 것입니다.

TWO KINDS OF BUSINESSES

There are two kinds of businesses: The first earns
12%, and you can take it out at the end of the
year. The second earns 12%, but all the excess
cash must be reinvested—there's never any cash.
It reminds me of the guy who looks at all of his
equipment and says, 'There's all of my profit.'
We hate that kind of business.

두 가지 사업

두 가지 사업이 있다. 하나는 수익이 12%고 연말에 그 수익을 수령한다. 다른 하나는 똑같이 수익이 12%지만 남은 돈을 무조건 재투자해야 한다. 현금을 손에 쥘 수 없다. 이는 자기 장비를 둘러보며 "저기에 내 이익이 전부 있네"라고 뇌까리는 사람을 떠오르게 한다. 버크셔는 그런 사업을 싫어한다.

＊

변호사 생활을 마치고 투자가로 변신한 찰리는 정밀한 과학 계측 장비를 제조하는 하이테크 사업에 관여한 적이 있습니다. 그 회사는 견조한 매출을 올리고 있었지만 돈을 버는 족족 재투자를 해야 했습니다. 다행히 찰리는 기술이 발전해 그 회사의 장비가 쓸모없어지기 직전에 그 회사를 처분했습니다. 그리고 버크셔의 섬유 사업에서도 똑같은 경험을 했죠. 좋은 시절엔 회사가 돈을 벌고 작게나마 흑자를 내기도 했지만, 섬유업계의 경쟁이 과열되면서 매출이 모두 회사 유지비로 소비가 되어야 했습니다.

찰리는 씨즈캔디 사업에서는 정반대되는 경험을 했습니다. 초콜릿을 담는 솥은 50년이 된 것임에도 교체가 필요하지 않았고, 제품은 해마다 똑같았습니다. 씨즈캔디 사업은 자본 지출이 매우 적었기 때문에 벌어들인 돈을 매년 다른 사업에 투자할 수 있었습니다.

FEW COMPANIES SURVIVE

Over the very long term, history shows that the
chances of any business surviving in a manner
agreeable to a company's owners are slim at best.

—

소수 회사만 살아남는다

아주 장기적인 관점에서 보면, 소유주가 만족할 만한
방식으로 살아남는 회사는 매우 적다.

대부분의 비즈니스는 변화를 거듭하고, 그 와중에 역사 속으로 사라집니다. 이는 수많은 산업에서 확인할 수 있습니다. 버크셔가 매수했을 때는 뛰어난 회사였던 블루칩스탬프Blue Chip Stamp 오늘날 존재하지 않습니다. 버크셔가 덱스터Dexter Shoe Company를 매입한 1993년, 워런은 주주에게 "제화업 만한 훌륭한 비즈니스는 없습니다"라고 노래를 불렀습니다. 이는 미국에서 신발을 생산하던 덱스터가 더 싼 노동력을 보유한 외국의 제조사와 더 이상 경쟁하지 못하게 된 시점까지는 사실이었습니다. 《워싱턴포스트》는 한때 미국에서 가장 영향력 있고 수익성 있는 신문사 중 하나였지만 겨우 10년 만에 인터넷에 무릎을 꿇었습니다. 자동차 제조업체인 드로리안De Lorean을 기억하십니까? 에드셀Edsel과 사브Saab는요? 모두 하늘나라의 중고차 주차장으로 가버려서 지상에서 이름을 듣기도 힘들어졌습니다.

SEE'S CANDIES

When we bought See's Candy, we didn't know the
power of a good brand. Over time, we just discov-
ered that we could raise prices 10% a year and no
one cared. Learning that changed Berkshire.
It was really important.

—

씨즈캔디

우리는 씨즈캔디를 인수하고도 좋은 브랜드의 위력을
몰랐다. 시간이 지난 후에야 매년 가격을 10%씩 올려
도 아무도 신경 쓰지 않는다는 것을 깨달았다. 그 깨달
음이 버크셔를 바꿨다. 엄청나게 중요한 발견이었다.

찰리는 특정 상품은 가격이 올라도 수요가 떨어지지 않는다는 것을 알게 되었습니다. 우리가 살면서 구매하는 대부분의 것은 상품입니다. 다른 상품으로 대체가 가능합니다. 정육점 A에서 구입한 스테이크는 정육점 B의 것과 비슷합니다. 한 주유소에서 구입한 휘발유는 다른 주유소 휘발유와 같습니다. 정육점과 주유소의 경쟁은 가격에 근거하기에 가격을 올리기 매우 어렵습니다.

하지만 브랜드를 가진 일부 상품은 소비자의 마음을 사로잡고 있으며 별다른 경쟁 상대가 없습니다. 찰리와 워런은 이렇게 경쟁 상대가 없고 가격을 쉽게 올릴 수 있는 제품을 '소비자 독점 상품'이라 부릅니다. 씨즈캔디는 이런 소비자 독점 상품 중 하나입니다. 매년 똑같은 기계에서 사탕을 만들고 있으며, 이는 자본 지출이 적다는 뜻입니다. 그리고 씨즈캔디라는 브랜드가 소비자의 마음을 사로잡고 있기 때문에 제품의 수요를 해치지 않고도 서서히 가격을 올릴 수 있습니다. 이는 마진이 높아진다는 의미, 캔디 하나를 판매할 때마다 더 많은 돈을 번다는 뜻입니다. 더 나아가 씨즈캔디가 자사 제품의 가격을 물가상승율과 맞출 수 있고, 버크셔의 투자금에 대한 수익이 매년 커진다는 뜻이기도 합니다. 버크셔가 1972년 씨즈캔디를 2,500만 달러에 인수했을 때, 씨즈캔디는 매년 420만 달러의 순이익을 냈습니다. 2007년, 버크셔는 씨즈캔디가 8,200만 달러를 벌어다 주었다고 보고했는데, 이는 순이익이 연간 8.6%씩 상승한 것입니다. 그리고 2011년 버크셔는 지난 40년간 씨즈캔디가 버크셔에 16억 5,000만 달러의 놀라운 수익을 선사했다고 보고했습니다.

씨즈캔디로부터 얻은 이 작은 지식은 버크셔에 커다란 영향을 주었습니다. 코카콜라 매수에 결정적이었으니까요. 비록 코카콜라가 씨즈캔디 만큼 자유롭게 가격

책정을 할 수는 없지만, 코카콜라 역시 소비자의 마음을 사로잡고 있고 인플레이션과 발맞춰 가격을 올릴 수 있습니다. 버크셔가 1988년에 코카콜라 주식을 샀을 때, 순이익이 10억 3,000만 달러였습니다. 약 30년이 지난 2015년, 코카콜라의 순이익은 73억 달러이며, 이는 수익이 608%나 증가했다는 뜻입니다. 매년 20.2%씩 이익이 늘어난 것이며, 복리로 환산할 경우 매년 6.75%씩 성장했다는 뜻입니다.

찰리와 워런은 결국 씨즈캔디에서 투자의 성배를 찾았습니다. 씨즈캔디는 계속해서 내재 가치가 상승하는 훌륭한 회사입니다. 그 가치를 더 높이기 위해서 우리가 해야 할 일은 가능한 오래도록 보유하는 것입니다.

THE COCA-COLA COMPANY

Coke for many decades has been a basic product full of sugar, and it grew every year. Full-sugar Coke is now declining. Fortunately, the Coca-Cola Company has a vast infrastructure. Coca-Cola is declining some, but the rest of the businesses are rising. I think Coke is a strong company, and will do very well. It's still like shooting fish in a barrel.

코카콜라

콜라는 수십년간 설탕 가득한 제품이었고, 매년 성장했다. 설탕 가득한 콜라는 이제 저물고 있다. 다행히 코카콜라는 전 세계에 막대한 인프라가 있다. 일부 사업은 하락세지만, 나머지 사업은 잘 되고 있다. 나는 코카콜라가 강한 회사이며 앞으로도 잘 할 것이라 생각한다. 여전히 식은 죽 먹기인 것 같다.

＊

코카콜라의 설탕 가득한 청량음료 판매 감소는 경제 신문이 좋아하는 주제이며 비관론자가 버크셔의 포트폴리오를 보며 가장 먼저 꼬집는 부분입니다. 코카콜라에서 생산하는 설탕 음료의 판매가 예전처럼 빠르게 성장하지 않고 있는 것은 사실입니다. 하지만 이 회사는 500가지가 넘는 청량음료와 탄산 성분이 없는 음료 브랜드를 보유하고 있으며 200개가 넘는 나라에서 하루에 19억 잔 이상을 판매하고 있습니다. 코카콜라는 돈이 넘치던 초장기 시절, 세계를 돌아다니며 거의 모든 나라에서 가장 인기 있는 청량음료 브랜드를 인수했습니다. 세계 인구가 증가하면서 코카콜라 소비자도 늘었습니다. 1970년부터 2016년까지 세계 인구가 2배가 되기까지 46년이 걸렸습니다. 세계 인구가 또다시 2배로 성장하는데 46년이 걸린다면, 코카콜라는 보유한 500여 가지 제품의 2배 판매를 손쉽게 이룰 수 있을 것입니다. 판매량이

2배가 되면 수익도 2배가 될 겁니다. 2015년 코카콜라는 주당 1.67달러를 벌었고, 2062년에는 주당 3.34달러 정도의 수익을 올릴 것으로 예상됩니다. 매년 주당 순이익 성장률이 2.17%인 것입니다. 주당순이익이 증가하면 주가도 오릅니다. 코카콜라 투자자는 주당순이익에 현재의 배당금 3.24%를 더해 약 5.41%의 연간 수익률을 얻을 수 있습니다. 이는 주당순이익을 높이는 주식 환매, 주식 신규 획득, 그리고 코카콜라가 지난 39년 동안 끊임없이 시행한 배당금 인상 등은 고려하지 않은 것입니다. 마이너스 금리의 세상에서, 코카콜라는 아직도 맛있는 투자처입니다.

EASY DECISIONS/PAINFUL DECISIONS

The difference between a good business and a bad business is that good businesses throw up one easy decision after another. The bad businesses throw up painful decisions time after time.

—

쉬운 결정/고통스러운 결정

좋은 비즈니스와 나쁜 비즈니스의 차이점은 좋은 비즈니스는 결정하기 쉬운 문제들이 이어진다는 겁니다. 나쁜 비즈니스는 고통스러운 결정이 계속됩니다.

✳

투자를 하고 회사를 소유하는 삶은 찰리와 워런에게 많은 것을 가르쳐 주었습니다. 두 사람 모두 과거에 적잖이 나쁜 사업체를 소유했습니다. 백화점, 풍력터빈제조사, 섬유회사, 항공사 등이 그 예입니다. 왜 이런 사업체가 좋지 않다고 얘기할까요? 이런 사업체는 경쟁이 극심한 산업군에 속해 있기 때문에 가격으로 서로를 할퀴어 마진이 줄면서 현금흐름이 악화되어 장기적인 생존 가능성이 낮습니다. 하지만 찰리와 워런의 뼈아픈 경험은 우리에게 교훈을 줍니다. 이제 우리는 언제나 지속적인 경쟁 우위를 갖고 있어 언제라도 가격을 올릴 수 있는 더 좋은 비즈니스와 함께하는 것이 성공의 비밀임을 압니다. 이는 마진을 높게 유지할 수 있게 해주고, 새로운 비즈니스 기회에 동원할 수 있는 대량의 현금 유동성을 제공합니다.

MARKET DECLINES

If you're not willing to react with equanimity to a market price decline of 50% two or three times a century you're not fit to be a common shareholder and you deserve the mediocre result you're going to get compared to the people who do have the temperament, who can be more philosophical about these market fluctuations.

—

시장 폭락

한 세기에 두세 차례 발생하는 50%의 주가 하락에 침착하게 대응하지 못하겠다면, 주식 투자에 소질이 없는 것이다. 시장 변동에 좀 더 이성적으로 대응할 수 있는 사람에 비해 결과가 신통찮을 것이다.

찰리가 버크셔 해서웨이의 주식을 보유한 50년의 세월 동안, 주가가 50%나 떨어진 시기가 3번 있었습니다. 찰리가 이 중 어느 때라도 보유 주식을 처분했다면 그의 순자산은 현재보다 현저히 적을 겁니다.

찰리는 장기간 주식을 보유할 때, 때때로 주가가 폭락하는 것은 자연스러운 일이라 믿었습니다. 그리고 그런 상황 후에 버크셔의 주가는 항상 제자리를 찾았습니다. 하지만 주가가 하락과 회복을 반복하는 현상은 주식 가격의 변동보다 해당 회사의 경제적 본성과 더 큰 관련이 있습니다.

1929년과 1932년의 주식 시장 대폭락은 주가를 철저하게 파괴했고 다우존스지수는 1954년까지도 완전히 회복되지 못했습니다. 다우존스지수가 폭락 이전의 고점을 회복하기까지는 25년이 걸렸습니다. 하지만 코카콜라와 필립모리스Phillip Morris처럼 견조한 비교 우위를 갖춘 경쟁력 있는 회사는 1936년에 주식 시장 폭락 이전의 고점을 회복했습니다. 경제적 기반이 튼튼하지 않은 그저 그런 회사는 상황이 나아지기까지 길게는 25년이 걸렸습니다. 찰리는 그렇게 오래도록 기다려본 적이 없습니다. 코카콜라와 버크셔 해서웨이처럼 좋은 회사들에만 투자했기 때문에, 그 어떤 주식 시장 붕괴에서도 빠르게 회복할 수 있었습니다.

WHERE TO PLACE OUR BET

Averaged out, betting on the quality of a business
is better than betting on the quality of manage-
ment … but, very rarely, you find a manager
who's so good that you're wise to follow him into
what looks like a mediocre business.

—

베팅은 어디에

평균적으로는 경영진의 가치에 베팅하는 것보다 비즈니
스의 가치에 베팅하는 것이 낫다. 그러나 아주 드물게
변변찮아 보이는 비즈니스라 할지라도 믿고 따라가는
것이 좋을 정도의 경영자가 나타난다.

로즈 블럼킨Rose Blumkin 여사는 1937년 네브라스카주 오마하에 네브라스카퍼니처마트를 개업했습니다. 버크셔는 이 회사의 지분을 90% 매수했습니다. 블럼킨 여사는 회사를 아들들과 관리했는데, 5년이 지난 어느날 아들들과 싸우고는 회사를 나가 길 건너에 새로운 가게를 차렸습니다. 수십억 달러 가치의 대기업이 소유한 가구점을 상대로 94세의 여인이 운영하는 작은 가구점이 뭘 할 수 있겠습니까? 하지만 그녀는 네브라스카퍼니처마트의 고객을 너무나 빠르게 많이 빼앗았습니다. 버크셔는 그녀의 가구점 인수에 수백만 달러를 써야 했습니다. 다만, 이번에는 계약서에 경쟁 금지 조항을 넣었습니다. 보통은 비즈니스의 가치에 베팅하는 것이 경영진의 가치에 베팅하는 것보다 현명합니다. 다만, 블럼킨 여사와 같은 경영진이 있다면 이야기가 달라지죠. 그럴 땐 경영진에 올인하십시오.

INCENTIVES

From all business, my favorite case on incentives
is Federal Express. The heart and soul of their
system—which creates the integrity of the prod-
uct—is having all their airplanes come to one place
in the middle of the night and shift all the pack-
ages from plane to plane. If there are delays, the
whole operation can't deliver a product full of in-
tegrity to Federal Express customers. And it was
always screwed up. They could never get it done
on time. They tried everything—moral suasion,
threats, you name it. And nothing worked. Final-
ly, somebody got the idea to pay all these people
not so much an hour, but so much a shift—and
when it's all done, they can go home. Well, their
problems cleared up overnight.

인센티브

내가 모든 사업을 통틀어 가장 좋아하는 인센티브 사례는 페더럴익스프렉스다. 그 회사의 물류 운송을 완벽하게 만드는 핵심 시스템은 모든 항공기가 밤늦은 시간에 한곳에 모인 뒤 모든 택배 상자를 비행기에서 비행기로 옮기는 것이다. 한 대의 비행기라도 지체되면 전체 고객에게 온전한 배달이 불가능해진다. 그런데 그 시스템은 항상 엉망이었고, 결코 제시간에 일을 끝낼 수 없었다. 회사는 직원을 상대로 도덕적 설득, 협박 등 모든 것을 시도했지만 아무것도 소용이 없었다. 마침내, 누군가가 아이디어를 냈다. 시간당 인건비를 많이 주기보다는 교대 근무 횟수를 늘려서 본인의 업무가 끝나면 집으로 갈 수 있게 하자는 것이었다. 그러자 문제가 하루아침에 해결됐다.

＊

여기서 찰리는 인센티브에 대해 말하고 있습니다. 시간당 급여를 받는 일을 해본 사람은 근로자가 일의 양이 아니라 시간당으로 급여를 받으면 일을 더 느리게 한다는 것을 알 겁니다. 근로자가 시간당 급여를 받으면, 일을 느리게 해서 더 많은 시간을 일할 인센티브가 생기기 때문입니다. 하지만 일의 양으로 급여를 받으면, 일을 빨리 마치고 다른 일을 더 할 인센티브가 생깁니다. 페덱스Federal Express는 경영진의 목표와 직원의 인센티브를 일치시켰습니다. 시간당 급여 체계에서는 직원이 서두르는 일이 없었지만, 업무당 급여 체계에서는 일을 빨리 끝마치기 위해 노력합니다. 문제 해결의 열쇠는 사실 업무량에 따른 급여가 아니었습니다. 일을 빨리 마치면 집에 빨리 갈 수 있다는 것이 열쇠였습니다. 빨리 퇴근해도 동일한 임금을 받을 수 있다는 것이 보상으로 작용한 것입니다.

AIG AND GE

AIG is a lot like GE. It is a fabulously successful insurance operator, and with success it morphed into a massive carry business—borrowing a lot of money at one price and investing it at another price. AIG was a big operator that was a lot like GE Credit. We never owned either because even the best and wisest people make us nervous in great big credit operations with swollen balance sheets. It just makes me nervous, that many people borrowing so many billions.

AIG와 GE

AIG는 GE와 무척 비슷하다. AIG는 대단히 성공적인 보험사이며, 그 성공을 기반으로 거대 캐리 사업체로 탈바꿈했다. 거액을 일정 가격으로 대출받아 다른 가격으로 투자하는 회사가 된 것이다. AIG는 GE 크레딧과 대단히 유사한 업계 거물이었다. 우리는 두 회사 모두에 투자한 적이 없다. 최고로 똑똑하고 현명한 사람들이 운영한다 해도, 잔뜩 부풀린 대차대조표를 가지고 대규모의 신용 사업을 굴리는 회사를 보면 불안하다. 많은 사람이 수십억 달러라는 엄청난 금액을 빌린다는 게 나를 불안하게 만든다.

결국 찰리가 옳았던 걸로 판명났습니다. 캐리 거래는 AIG와 GE를 모두 파산 직전까지 몰아갔습니다. GE의 경우 2015년에 금융 부서를 매각하는 절차에 들어갔습니다. 저금리로 단기 대출을 받아 더 높은 금리에 장기 대출을 제공하는 것은 단기 대출의 상환을 계속 연장할 수만 있다면 엄청난 돈을 손쉽게 벌 수 있는 방법입니다. 하지만 단기 대출의 이자가 돈을 빌렸을 당시보다 오르거나 은행이 상환 기간을 연장하지 않기로 결정하면, 모든 것이 종이로 만든 집처럼 쉽게 무너집니다. GE는 이걸 고생스럽게 배웠고, 그렇기에 금융 부서에 기꺼이 작별을 고하는 것입니다.

LESS LEVERAGE

As you can tell in Berkshire's operations, we are much more conservative. We borrow less, on more favorable terms. We're happier with less leverage. You could argue that we've been wrong, and that it's cost us a fortune, but that doesn't bother us. Missing out on some opportunity never bothers us. What's wrong with someone getting a little richer than you? It's crazy to worry about this.

낮은 레버리지

버크셔의 운영 방식을 보면 알겠지만, 우리는 생각보다 보수적이다. 좋은 기회가 있어도 레버리지를 많이 일으키지 않는다. 레버리지가 낮아야 마음이 편하다. 우리 투자법이 틀렸고 거금을 벌 기회를 날리는 거라 주장할 수도 있겠지만, 우리는 별로 개의치 않는다. 그런 기회를 놓쳤다고 후회해 본 적이 한번도 없다. 누군가가 나보다 좀 더 부유해지는 것이 뭐가 그리 큰 문제인가? 그걸 걱정하는 건 미친 짓이다.

찰리는 레버리지와 질투의 조합은 치명적이라는 것을 알았습니다. 레버리지는 빚을 다르게 표현한 것일 뿐입니다. 레버리지의 매력은 같은 자기자본으로 더 많은 돈을 버는 것을 가능하게 한다는 점입니다. 하지만 레버리지는 일이 잘 풀렸을 때의 이익만 늘리지 않습니다. 일이 잘 풀리지 않을 때는 손해 역시 급격하게 높입니다. 투자은행의 매니저는 높은 레버리지를 좋아합니다. 앞서 언급했듯, 레버리지 투자가 잘 풀리면, 수천만 달러의 보너스를 받을 수 있는 명분이 생깁니다. 잘 안 풀리면, 시장을 비판하고 다른 부서가 자기가 낸 손해를 메꿔주기를 바랍니다. 하지만 때때로 레버리지 사용은 너무 큰 손실을 야기해서 회사를 파산시킵니다.

금융 전문가들은 어쩌다 이런 난장판에 빠지게 될까요? 질투 때문입니다. 다른 금융사 매니저가 수백만 달러를 버는 것을 보며 자신도 많은 돈을 벌고 싶어 합니다. 그래서 보상을 높이기 위해 계속해서 더 많은 레버리지를 일으킵니다. 투자사에서는 얼마나 많은 레버리지를 사용할 수 있을까요? 미 연방예금보험공사Federal Deposit Insurance Corporation에서는 시중 은행의 경우 채무 대비 자기자본비율을 10대 1로 유지할 것을 권합니다. 즉, 1달러의 현금을 보유하고 있다면 대출금은 10달러를 넘기지 말라는 것입니다. 리먼 브라더스가 파산했을 때, 이들의 부채 비율은 30배에 달했습니다. 행운이 지속되는 동안에는 무척 많은 돈을 벌 수 있었습니다. 그러나 운이 다하자마자 파산했습니다.

찰리와 워런은 항상 버크셔가 많은 레버리지를 사용하는 것을 피했습니다. 부채 비율이 높은 회사에 투자하는 것 역시 피하고자 합니다. 그 결과, 다른 사람들이 빚에 허우적거리는 어리석은 행위를 하는 동안 그것에 동참하지 않으며 안전하게 이익을 얻고 있습니다.

MASTER PLANS

At Berkshire there has never been a master plan.
Anyone who wanted to do it, we fired because it
takes on a life of its own and doesn't cover new
reality. We want people taking into account new
information.

—

마스터 플랜

버크셔는 마스터 플랜을 세운 적이 없다. 그러려고 했
던 사람은 해고했다. 마스터 플랜을 세우는 일은 오래
걸리고 새로운 현실을 포괄하지도 못하기 때문이다.
우리는 직원들이 새로운 정보를 고려하길 원한다.

✳

비즈니스 세계는 역동적입니다. 전쟁터처럼 빠르게 변합니다. 누구보다 전쟁터에 적용할 수 있는 마스터 플랜을 고심했을 19세기 프로이센의 군사 사상가 카를 폰 클라우제비츠Carl von Clausewitz는 "전투란 적과의 연속적인 상호 작용"이며 "내가 적의 행동에 영향을 주는 만큼 적도 내 행동에 영향을 준다"고 했습니다. 또한 "전쟁 계획은 적과 처음 대면하는 순간 바뀐다"고 얘기했습니다. 하지만 이 주제에 대해 제가 제일 좋아하는 인용구는 저 유명한 프로이센의 육군 원수 헬무트 폰 몰트케Helmuth von Moltke 백작의 말입니다. "모든 주요 전투의 윤리적 물리적 영향은 엄청나게 강력해서 보통 상황을 완전히 바꿔놓는다. 새로운 대안이 필요할 만큼 기초가 바뀐다. 작전이 적의 주력 부대와 첫 전투를 마친 뒤에도 유효하리라는 보장은 어디에도 없다. 군사 작전을 전개하는 일이 모든 사항을 섬세하게 고려하여 개념을 정립한 후 그것을 엄격하게 적용하는 방식을 따른다고 생각하는 사람은 문외한 밖에 없다."

이는 특정한 문제를 해결하기 위해 계획을 세우지 말라는 것이 아닙니다. 오히려 찰리의 조언처럼 계획을 세우되 새로운 정보가 생기면 그것을 염두에 두고 행동하라는 말입니다. 비즈니스의 다음 10년을 대비하기 위한 전체적인 마스터 플랜은 비현실적이며, 보통은 그것을 위한 시간과 에너지가 아깝습니다. 일을 진행하다가 상황에 맞게 간단명료하면서도 즉각적으로 대처를 하는 것이 훨씬 좋습니다. 저는 마스터 플랜을 생각할 때면 네브라스카퍼니쳐마트 설립자인 블럼킨 여사가 사업 계획에 대한 질문을 받았을 때 걸죽한 러시아 억양으로 했던 답을 떠올립니다. "네. 싸게 팔고 고객에게 진실을 말하세요." 그녀는 사업 천재였습니다.

DECENTRALIZATION

How is [Berkshire] organized? I don't think in
[the] history of the world has anything Berkshire's
size [been] organized in so decentralized a fashion.

—

분권화

버크셔는 어떻게 조직되어 있나? 나는 세계사를 뒤져
도 버크셔 정도 규모의 조직이 버크셔 만큼 분권화된
방식으로 조직된 경우는 없을 것이라 생각한다.

＊

기업 집단의 세계에서 찰리와 워런이 한 독특한 행동 하나는 시너지의 개념을 일축한 것입니다. 어떤 경우라도 버크셔 자회사의 대표들은 자신이 원하는 상대와 원하는 시기에 원하는 비즈니스를 할 수 있습니다. 설사 그 상대가 버크셔 소유의 다른 자회사와 경쟁하는 회사라고 해도 말이죠.

대부분의 대기업과 달리 버크셔는 자회사에게 본사가 요구하는 수치의 성과를 강요하는 할당제가 없습니다. 버크셔의 자회사를 담당하는 대표는 책임감을 지고 본인이 맡은 회사의 목표치를 세우고 그것을 달성하기 위해 직접 경영을 합니다.

버크셔 문화의 또 다른 독특한 점은 자회사의 운이 다 할 때까지 독립적인 경영권을 보장해 준다는 것입니다. 버크셔가 섬유 사업을 처리했던 방식처럼, 장래 성과 수익이 감소한다는 이유만으로 자회사를 매각하는 대신, 자회사가 문을 닫아야 할 때까지 사업을 지속합니다. 전액 출자된 자회사를 수익이 잘 나지 않는다는 이유만으로 GE의 CEO 잭 웰치Jack Welch처럼 매각하는 일은 없습니다.

이렇게 양도에 가까울 정도의 분권화 전략은 자회사를 가장 잘 아는 경영진이 주어진 경제적 상황에 적응하기에 적합하다고 생각하는 방식을 자율적으로 도입할 수 있다는 장점이 있습니다. 개별 회사의 상황을 잘 알지 못하는 버크셔 본사에 얽매이지 않고 말이죠. 또한 커다란 관료제를 운영할 때 발생하는 금전적 비용과 비효율을 피할 수 있게 해줍니다. 줄이는 것이 늘리는 길인 경우가 있습니다.

ENRON

The people who carry the torch in accounting are
in a noble profession, yet these people also gave
us Enron.

–

엔론

회계라는 등불을 밝혀주는 사람은 고귀한 직종에 몸을
담고 있는 것이다. 그러나 엔론을 낳은 것 역시
그 사람들이다.

엔론은 에너지, 원자재, 그리고 통신 회사였으며 2000년도에 1,110억 달러의 수입을 신고했습니다. 《포춘》은 6년 연속 미국에서 가장 혁신적인 회사로 엔론을 꼽았습니다. 2001년, 엔론의 가장 위대한 혁신 중 하나가 실제로는 창의적으로 기획된 분식 회계의 결과라는 사실이 밝혀졌습니다. 회계법인 아서 앤더슨Arthur Andersen의 도움을 받아 막대한 투자 손실을 대차대조표에서 빼내 역외 협력사에 떠넘겨 순이익을 속였습니다. 사기가 발각된 후, 경영진은 형사 고발을 당했고 엔론은 파산했으며 엔론과 회계법인을 상대로 소송이 제기되었습니다. 그 결과, 아서 앤더슨 역시 역사 속으로 사라졌습니다.

가장 충격적이었던 것은 당시 미국 최고의 회계법인 중 하나인 아서 앤더슨이 사기에 연루되었단 사실입니다. 때로는 정말 똑똑한 사람이 엄청나게 멍청한 짓을 할 수 있습니다.

GM

Berkshire is in GM because one of our young men likes it. Warren, when he was a young man, got to do whatever he wanted to do, and that's the way it is. It is true GM may be protected by the federal government in the end, and it may be a good investment in the end, but the industry is as competitive as I've ever seen. Everyone can make good cars, they have the same suppliers, and cars last forever. It just has all these commoditized features. So I don't think the auto industry is the place to be.

GM

버크셔가 GM에 투자하는 이유는 GM을 좋아하는 젊은 직원이 한 명 있기 때문이다. 워런은 젊은 시절 원하는 것은 뭐든 했기에, 버크셔도 그 방식을 따른다.

GM에 위기가 닥치면 연방 정부가 보호할 가능성이 높으니, GM에 대한 투자가 결과적으로 좋을 수도 있다. 하지만 자동차 산업의 경쟁은 어느 때보다 치열하다. 모두가 좋은 차를 만들 수 있고, 모두가 똑같은 부품 공급업체를 이용하며, 자동차는 오래 쓴다. 온갖 요소가 원자재의 성격을 띠고 있다. 그래서 나는 자동차 산업이 좋은 투자처라 생각하지 않는다.

✳

'버크셔는 왜 GM에 투자했을까?' 최근 버크셔 포트폴리오의 수수께끼 중 하나입니다. 자동차 산업은 가격 경쟁이 엄청난 상품을 생산하는 매우 경쟁적인 산업입니다. GM이 그 산업에서 그동안 많은 돈을 번 것은 사실이지만, 큰 손실을 입었던 과거 또한 존재합니다. 1996년 《워렌 버핏 주식투자 이렇게 하라Buffettology》라는 책에서, 나는 GM이 원자재에 가까운 제품을 생산하고 있으며 투자자에게 돈이 되지 않았다고 논했습니다. GM은 호황과 불황의 역사가 있었습니다. 2007년의 불황이 덮쳤을 때 GM은 380억 달러를 잃었습니다. 그 다음해인 2008년에는 추가로 300억 달러를 잃었습니다. GM이 2009년 파산법 챕터11에 따라 파산을 신청했을 때, 자산은 820억 달러, 부채는 무려 1,720억 달러의 였습니다. 결국 900억 달러 가량의 채무를 변제할 능력이 없어 GM은 주주에게 큰 타격을 주었습니다.

연방 정부는 500억 달러를 투입해 GM의 자산을 매입한 후 정부 소유의 공기업으로 만들었습니다. 2015년 GM은 이익 96억 달러, 총자산 1,940억 달러, 부채 630억 달러를 신고했습니다. 순자산이 1,310억 달러가 된 것입니다. 오늘날 GM은 딱 한 가지만 제외하고 완전히 새로 거듭난 것처럼 보입니다. 그 한 가지는 아직도 GM이 경쟁이 치열한 산업에서 원자재에 가까운 제품을 제조하고 있다는 것입니다. 버크셔의 새로운 투자 매니저 중 한 명은 GM이 훌륭한 장기 투자처라고 생각할지 모르지만, 찰리는 여전히 자동차 산업은 투자하기에 좋은 분야는 아니라고 생각합니다.

ISCAR

We didn't know when we were young which things to stretch for, but by the time we reached Iscar, which we never would have bought when we were young, we knew to stretch for the right people. It's a hell of a business. Everything is right there. Isn't it good that we keep learning? Better late than never.

—

이스카

젊을 때는 무엇에 손을 뻗어야 하는지 몰랐다. 하지만 젊었다면 사지 않았을 이스카를 접할 때쯤엔, 제대로 된 사람에게 손을 뻗어야 한다는 걸 알았다. 사람이 곧 비즈니스다. 모든 게 사람에 달렸다. 배움이 계속된다 는 것이 좋지 않은가? 늦는 게 안 배우는 것보다 낫다.

이스카는 세계적인 이스라엘 정밀 금속 절삭 기기 생산 회사로, 해당 업계에서 주도적인 시장 점유율을 확보하고 있습니다. 버크셔는 2006년 이스카 지분의 80%를 40억 달러에 인수했고, 2013년에 나머지 지분 20%를 20억 달러에 인수했습니다. 인수 금액을 통해 이 회사의 사업이 7년 사이에 더 좋아졌다는 것을 알 수 있습니다. 버크셔가 미국을 제외한 해외에서 지분을 100% 인수한 것은 이스카가 처음입니다. 인수 가능 금액이 장부 가격보다 훨씬 높았기 때문에 벤저민 그레이엄의 입장에서 좋은 가격이 아닙니다. 그러나 찰리와 워런은 네브라스카퍼니처마트를 인수하면서 회사의 규모가 시장을 주도할 만큼 크고 고객의 마음을 사로잡고 있다면 잠재적인 경쟁자가 진입하기 힘들다는 사실을 배웠습니다. 회사의 규모와 시장 지배력은 그 자체로 훌륭한 경쟁 우위를 만듭니다. 이스카가 그렇습니다.

WELLS FARGO

Even the best banks drift with the times and do stupid things, but I suspect Wells Fargo will face up to it better.

—

웰스 파고

최고의 은행도 시간이 흐르다보면 멍청한 짓을 저지른다. 그러나 나는 웰스 파고가 그런 상황에 잘 대처할 것이라 믿는다.

여기서 찰리는 웰스 파고 은행 역시 과거 씨티은행과 같은 멍청한 짓을 할 수는 있지만, 그와 달리 큰 실수 없이 그 사태를 잘 수습할 것이라는 믿음을 밝히고 있습니다. 그러나 경영진의 자질, 진정성, 그리고 경영진의 사업 관리 능력을 강조하는 것이기도 합니다. 웰스 파고의 파생상품 운용 금액은 총 5조 달러지만, JP모건 체이스JPMorgan Chase 63조 달러, 씨티코프Citicorp 60조 달러, 골드만 삭스 57조 달러에 비하면 적은 액수입니다. 이는 파생상품 시장이 또다시 폭락하면 마지막까지 살아남을 은행은 웰스 파고일 가능성이 높다는 뜻입니다.

MCDONALD'S

This is a nice college, but the really great educator
is McDonald's. … I think a lot of what goes on
there is better than at Harvard.

–

맥도날드

여긴 좋은 대학이다. 그러나 진정 위대한 교육 기관은
맥도날드다. 그곳에서 일어나는 많은 일들이 하버드
보다 낫다고 생각한다.

사슬의 강성은 가장 약한 고리가 좌우합니다. 약한 고리가 섞여 있다면 나머지 고리가 아무리 강해도 소용이 없습니다. 찰리가 여기서 말하고자 하는 것은 맥도날드가 업무 습관이 좋지 않은 사람들을 고용하고 훈련시켜서, 정시 출근과 손님 맞는 법 등의 좋은 업무 습관을 교육하여 우리 사회의 가장 약한 고리의 힘을 향상시키고 있다는 것입니다. 맥도날드는 처음 설립된 60여 년 전부터 말 그대로 몇 백만 명에 달하는 미국 젊은이에게 좋은 업무 습관을 가르쳤다는 칭찬을 받아야 합니다. 더 나아가 전 세계 118개국에 진출해 있으며, 170만 명 이상의 사람을 고용하고 있습니다. 그러니 미국에서 해 온 좋은 업무 습관 만들기를 전 세계의 젊은이에게도 전파하고 있다고 말할 수 있습니다. 이는 하버드대학도 할 수 없는 엄청난 업적입니다.

LIQUIDITY

After the South Sea Bubble, Britain outlawed
public corporations—only private ones allowed.
And they led the world for 100 years. A modest
amount of liquidity will serve the situation. Too
much liquidity will hurt human nature. I would
never be tenured if I said that. But I'm right and
they are wrong.

유동성

남해회사 버블 사건 이후 영국은 공개적인 주식 거래를 금지했다. 몇몇 합자회사의 설립은 가능했으나 주식 거래는 불가능했다. 그리고 영국은 100년 동안 세상을 이끌었다. 적당한 양의 유동성은 시국에 이바지한다. 그러나 과한 유동성은 인간 본성을 망친다. 이런 말을 하면 종신 교수가 될 수 없을 것이다. 하지만 내가 옳고 교수들은 틀렸다.

남해회사 버블 사건은 영국의 국가 채무를 줄이는 것을 돕기 위해 1711년 설립된 합자회사 남해회사 주식회사와 관련이 있습니다(영국은 제1차 세계대전이 발발하기 전까지 중앙은행을 이용해 적자 재정 운영이 가능하다는 사실을 몰랐습니다). 영국 정부는 많은 국회의원을 매수한 끝에 남해회사가 남미와 교역할 수 있는 독점권을 허가했습니다. 독점 무역권과 정부 부채를 관리한다는 사실로 인해 회사 전망은 밝았고, 당시 가장 인기 있는 종목이 되어, 주가가 회사의 실질 가치를 아득히 뛰어넘게 되었습니다. 하지만 수익이 실현되지 않자 주가는 곤두박질쳤고, 귀족을 포함한 많은 사람의 재산이 날아갔습니다. 남해회사 버블 사건에 대응하여 영국은 칙허장(영국왕립인가서)을 받지 않은 합자회사 설립을 금지하고 칙허장을 받은 회사도 주식 거래를 금지하는 1720년 버블 법안Bubble Act of 1720을 제정했습니다.

그리고 다음 100년 동안 영국은 상업에서 세계를 선도했습니다.

이 사건은 유동성에 관한 질문을 낳습니다. 유동성은 자산을 얼마나 쉽게 현금으로 바꿀 수 있는가를 가늠하는 기준입니다. 즉, 주식을 얼마나 쉽게 팔아서 현금으로 만들 수 있는지가 관건입니다. 시장에서 특정 주식의 거래가 활발할수록 그 주식의 유동성이 더 높다고 할 수 있습니다. 파생상품을 옹호하는 월가의 논점 중 하나는 그것이 유동성을 높인다는 것입니다. 하지만 무엇을 위해 유동성을 높일까요? 그리고 궁극적으로는 유동성을 높이는 것이 그만한 가치가 있을까요? 찰리는 그렇지 않다고 생각합니다.

SINGAPORE

In a democracy, everyone takes turns. But if you
really want a lot of wisdom, it's better to concen-
trate decisions and process in one person. It's no
accident that Singapore has a much better record,
given where it started, than the United States.
There, power was concentrated in an enormous-
ly talented person, Lee Kuan Yew, who was the
Warren Buffett of Singapore.

싱가포르

민주주의에서는 모두가 기회를 갖는다. 하지만 진정 많은 지혜를 원한다면, 결정과 과정을 한 사람에게 집중하는 것이 낫다. 출발점을 생각해보면, 싱가포르가 미국보다 훨씬 좋은 기록을 갖고 있는 것은 우연이 아니다. 싱가포르에서 권력은 무척 재능이 있는, 싱가포르의 워런 버핏이라 불리는 리콴유에게 집중되었다.

리콴유 본인의 말로 시작하는 것이 좋을 듯 합니다. "몇 개의 예외를 제외하면, 민주주의는 개발도상국가에 적합한 좋은 정부를 낳지 않았다. 동양인이 중시하는 것을 미국인이나 유럽인은 중시하지 않는다. 서양인은 개인의 자유와 자립성을 중시하지만, 중국 문화를 배경으로 한 내가 중시하는 것은 정직하고 효율적이며 효과적인 정부다." 1959년부터 1990년까지 그는 싱가포르의 총리를 역임하며 본인의 말을 그대로 실천했습니다.

비리에서 벗어나 정직하게 일할 수 있도록 공무원에게 사기업에서 받았을 만한 봉급을 지급했습니다. 경제성장을 위해 다국적 기업이 싱가포르에 제조 공장을 지을 수 있도록 외국 기업 세금 우대 정책과 자금 조달 방안을 제시했습니다. 새로운 사업체의 자금 조달을 위해 기업에 호의적인 금융 법안을 만들고 환율을 안정시켜 싱가포르를 국제적인 금융 센터로 만들었죠. 세계에서 가장 강력한 금융 센터인 뉴욕, 런던과 쉽게 거래하기 위해 영어를 공용어로 도입했습니다. 그 결과 텍사스인 스트루먼트Texas Instruments, HP, GE 같은 미국 기업이 아시아 첫 제조 공장을 싱가포르에 만들었습니다.

이 이야기의 핵심은 싱가포르 정부가 다양한 비즈니스를 성장시키고 번창할 수 있는 환경을 마련한 방법입니다. 공무원이 비리를 저지르지 않고 안정적으로 일할 수 있도록 충분한 급여를 제공했습니다. 그렇게 효율적이고 효과적인 중앙 정부를 만들었고, 마침내 3세계 국가에서 21세기 금융과 제조업의 중심지가 되었습니다. 리콴유의 책 《내가 걸어온 일류국가의 길From Third World to First: The Singapore Story》은 읽어 볼만 합니다. 찰리는 리콴유를 깊이 흠모해, 자신이 소유한 벤저민 프랭클린 흉상 옆에 두기 위해 리콴유의 청동 흉상을 주문했습니다.

Part IV

—

삶

ONE STEP AT A TIME

Spend each day trying to be a little wiser than you
were when you woke up. Discharge your duties
faithfully and well. Slug it out one inch at a time,
day by day. At the end of the day—if you live long
enough—most people get what they deserve.

—

한 번에 한 걸음

아침에 일어났을 때보다 좀 더 지혜로워질 수 있는 하
루를 보내라. 의무를 충실하게 잘 이행하라. 조금씩 매
일매일 일을 해결해 나가라. 충분히 오래 산다면, 대부
분의 사람이 종국에는 마땅히 받아야 할 것을 받는다.

*

이는 성공을 위한 찰리의 점진적 방법론입니다. 어린 시절 듣던 토끼와 거북이의 경주와 비슷합니다. 빠른 토끼가 느리지만 쉬지 않고 한 걸음씩 골인 지점을 향해 걸어간 거북이에게 졌다는 바로 그 우화 말이죠. 변호사 생활을 하던 젊은 시절, 찰리는 거북이의 행동을 직접 실천했습니다. 하루에 한 시간씩 부동산 개발과 주식 투자 공부에 할애하는 독학 계획을 이행했습니다. 처음에는 진도가 느렸지만, 수년간 수천 권의 책을 읽고 나자 어떻게 서로 다른 분야의 지식이 상호작용하는지를 알게 되었고, 어떻게 지식이나 돈이 복합적으로 작용하는지 이해하게 되었습니다. 그리고 인간 세상에 대해 더 많이 깨달았습니다. 찰리는 50세였을 때보다 90세에 훨씬 더 좋은 투자자가 되었다고 말하곤 합니다. 그리고 그게 지식의 복합적 효과 덕분이라고 말합니다.

WHAT WE DESERVE

The best way to get a good spouse
is to deserve a good spouse.

—

자격

좋은 배우자를 얻는 최선의 방법은
좋은 배우자를 얻을 자격을 갖추는 것이다.

찰리가 전하고자 하는 것은, 우리는 우리 수준에 맞는 사람을 만난다는 것입니다. 즉, 좋은 사람은 다른 좋은 사람과 결혼하게 되고, 나쁜 사람은 자기만큼이나 나쁜 사람과 결혼하게 된다는 것이죠. 찰리는 버크셔가 인수하는 뛰어난 회사의 경영진을 우수하고 신뢰할 만한 사람으로 구성하는 방식으로 이 생각을 비즈니스 세계에 적용했습니다. 그는 훌륭한 기업의 소유주를 버크셔로 끌어들였습니다. 버크셔는 좋은 회사를 인수한 후에도 그 회사의 CEO를 함부로 교체하지 않습니다. 모든 권한을 원래 소유주에게 위임합니다. 그래서 버크셔의 경영 철학을 잘 알고 자신의 회사를 정말 사랑하는 기업 소유주는 다른 곳이 아닌 버크셔가 회사를 인수하길 바랍니다. 찰리는 그런 방식으로 훌륭한 회사를 버크셔로 끌어들였습니다. 비즈니스도 결혼과 비슷합니다. 가치가 가치를 부릅니다.

USING BIG IDEAS

Know the big ideas in the big disciplines and use
them routinely—all of them, not just a few.

—

지식의 사용

중요 분야의 중요 지식을 이해하고, 반복적으로
사용하라. 몇 개가 아니라 전부 말이다.

＊

찰리는 하버드대학 로스쿨을 졸업고, 캘리포니아 공과대학California Institute of Technology에서 기상학을 공부했으며, 심리학·과학·경제학·역사학에 해박합니다. 찰리는 투자 세계에서 이 지식을 어떻게 활용할까요?

심리학을 이해하면, 코카콜라와 같은 상품이 어떻게 소비자의 마음을 사로잡는지 이해할 수 있습니다. 이는 코카콜라를 장기 투자의 대상이 되게 합니다.

과학에 대한 이해가 있다면, 빠르게 변하는 컴퓨터 기술의 세계는 장기 투자의 관점에서 안정적인 투자처가 되긴 힘들다는 것을 눈치챌 겁니다.

2007~2009년 금융 위기 때, 중앙은행을 공부한 찰리는 연방준비제도가 은행을 국유화하면, 즉 은행의 새로운 소유주가 되면, 모든 주주의 보통주를 없애버리는 것과 마찬가지일 것이라 보았습니다. 그렇게 되면 투자자는 모든 은행에서 도망칠 것이고, 최고의 은행이라도

새로운 자기자본을 형성하지 못하게 되죠. 찰리는 연방준비제도가 취할 수 있는 가장 안전하고 합리적인 방안은 우선주를 매수하는 방식으로 어려움을 겪는 은행에 새로운 자금을 수혈하는 것임을 알았습니다. 이는 채무의 형태로 은행 대차대조표의 자산란에 기록되겠지만, 일반 주주의 소유권을 희석하지는 않습니다.

그래서 2008년, 앞서 언급한 것처럼 연방준비제도가 은행을 국유화할 수도 있다는 발표로 인해 은행의 주가가 폭락했을 때, 찰리는 웰스 파고의 주식을 주당 8.58달러에 대량으로 매수했습니다. 오늘날 웰스 파고 주식은 주당 47달러에 거래됩니다. 찰리가 연방준비제도와 같은 중앙은행이 어떻게 움직이는지 공부하지 않았다면 일생의 기회를 잡지 못하고 다른 투자자처럼 바람이 분다고 겁에 질려 배에서 뛰어내렸을지도 모릅니다.

CAREER ADVICE

Three rules for a career: (1) Don't sell anything
you wouldn't buy yourself; (2) Don't work for an-
yone you don't respect and admire; and (3) Work
only with people you enjoy.

—

커리어

커리어의 세 가지 규칙. (1) 네가 사지 않을 것을 팔지
마라. (2) 존중하고 존경하지 않는 사람 밑에서 일하지
마라. (3) 좋아하는 사람하고만 같이 일하라.

＊

찰리의 커리어에 관한 조언은 선물과 같습니다. 왜 자기가 사지 않을 물건을 팔면 안 될까요? 무언가를 파는 것에 관해 쓴 어떤 책이든 제품을 좋아하지 않거나, 이해하기 힘들거나, 믿지 않는다면, 그 제품을 파는 건 재앙이 될 것이라 말하기 때문입니다. 위대한 영업자는 자기 상품을 믿습니다. 그게 성공의 비결 중 하나입니다.

왜 존경하지 않는 사람과 일을 하면 안 될까요? 그가 가르쳐 줄 것이 없고, 지성과 삶이 나아가도록 돕지 못하기 때문입니다.

왜 좋아하지 않는 사람과 같이 일하면 안 될까요? 일은 삶이고, 부유한 삶의 척도 중 하나는 자기 일을 좋아하고 함께 시간을 보내는 사람을 좋아하는 것이기 때문입니다. 일터에서 일하면서 비참함을 느낀다면, 아무리 많은 돈을 벌어도 그건 너무나 안타까운 삶입니다.

KNOW-IT-ALLS

I try to get rid of people who always confidently
answer questions about which they don't have any
real knowledge.

—

아는 체

나는 제대로 알지 못하면서 모든 질문에 자신 있게
답을 내놓는 사람을 멀리한다.

여기서의 문제는 신뢰입니다. 누군가에게 무언가를 알지 못할 때 그것을 인정할 수 있는 진실성이 없다면, 그를 어떻게 믿을 수 있을까요? 그런 사람은 깔끔하게 포기하고 좀 더 지적으로 솔직한 사람을 찾는 편이 훨씬 이롭습니다. 다시 말하면, 찰리는 아는 것을 알게 되는 것만큼이나 모르는 것을 알게 되는 것에 관심이 있습니다. 그 차이를 모르는 사람의 의견은 쓸모없습니다.

WASTE OF EDUCATION

A big percentage of Caltech grads are going into finance. … They'll make a lot of money by clobbering customers who aren't as smart as them. It's a mistake. I look at this in terms of losses from the diversion of our best talent going into some money-grubbing exercise.

—

교육 낭비

많은 캘리포니아 공과대학 졸업생이 금융 분야로 진출한다. 그들은 자신들만큼 똑똑하지 않은 고객을 주물러서 많은 돈을 벌 것이다. 잘못되었다. 최고급 인재가 돈을 긁어모으는 일에 집중되는 건 큰 손실이다.

＊

옛날 옛적에는 캘리포니아 공과대학이 세상에서 가장 뛰어난 과학/공과대학 중 하나였습니다. NASA 제트추진연구소의 본거지죠. 찰리는 1940년대에 이 학교에서 수학했습니다. 2010년 월가는 도박과 다름없는 파생상품을 예쁘게 포장해 판매했습니다. 그때 월가가 벌어들인 어마어마한 돈은 캘리포니아 공과대학의 교수진과 학생에게 너무나 큰 유혹이었습니다. 그래서 우주 탐험과 첨단 컴퓨터 기술에 쓰여야 할 에너지를 월가의 투자 시스템을 돕기 위한 정교한 수학 모델에 쏟아부어 투자 은행이 더 많은 돈을 버는 데 일조했습니다. 찰리는 우리 사회에서 가장 똑똑하고 총명한 젊은이들의 능력이 카지노와 다름없는 월가의 도박에 사용되지 않고, 세상의 문제를 해결하는 데 쓰이길 바라는 것입니다.

ADMITTING STUPIDITY

I like people admitting they were complete stupid
horses' asses. I know I'll perform better if I rub
my nose in my mistakes. This is a wonderful trick
to learn.

—

어리석음 인정하기

나는 자기가 엄청나게 어리석었다고 인정하는 사람을
좋아한다. 실수했을 때 그걸 상기하면 다음에 더 잘하
리라는 걸 안다. 이건 배울 가치가 있는 멋진 기술이다.

찰리는 실패의 책임을 받아들이고 그 원인을 정확히 검토를 해야만 실패에서 교훈을 얻는다고 믿습니다. 타인을 비난하고 책임을 회피하면 배움의 기회는 날아갑니다. 이것이 버크셔 해서웨이 연례보고서에 항상 워런과 찰리의 실수가 언급되고 그 교훈이 무엇이었는지 알리는 이유입니다. US에어웨이즈US Airways가 그 예입니다. 워런과 찰리는 좋은 투자라고 생각했지만, 실제로는 아주 골칫거리였습니다. 실수를 상기하는 연습은 이들이 똑같은 실수를 두 번 하지 않는 이유 중 하나입니다.

MAKING MISTAKES

There's no way that you can live an adequate life
without many mistakes. In fact, one trick in life
is to get so you can handle mistakes. Failure to
handle psychological denial is a common way for
people to go broke.

—

실수하기

실수 없이 좋은 삶을 사는 건 불가능하다. 삶의 비결
중 하나는 실수를 감당하는 능력을 갖추는 것이다.
현실 부정을 고치지 못하면 망가지기 쉽다.

＊

실수해도 괜찮다는 말을 들으면 위로가 됩니다. 찰리는 호황에 너무 오래 올라타있다가 1973~1974년의 폭락으로 박살나 봤기에, 오늘날 더 좋은 투자자가 될 수 있었습니다. 또한 버크셔가 덱스터슈Dexter Shoe를 매수한 뒤 마주한 문제들 덕에 오늘날 더 좋은 투자자가 되었습니다. 버크셔가 투자한 7억 달러를 거의 전부 잃었던 살로몬브라더스Salomon Brothers의 악몽도 잊으면 안 됩니다. 볼티모어의 백화점 혹스차일드 콘, 앞서 다루었던 US 에어웨이즈의 실패도 있네요. 이는 모두 엄청난 비용을 초래한 커다란 비즈니스 판단 실수였습니다. 하지만 이 실수들은 훗날 수십억 달러의 성과를 올린 발전된 투자 전략의 기틀을 마련하기도 했습니다.

SPECIALIZATION

Extreme specialization is the way to succeed.
Most people are way better off specializing than
trying to understand the world.

—

전문화

극단적인 전문화가 성공의 길이다. 대부분의 사람에게
는 세상을 이해하려고 노력하는 것보다 전문화에
힘쓰는 것이 훨씬 좋다.

＊

전문화는 모든 종에게 생존의 핵심이며, 모든 사업적 성공의 핵심입니다. 전문화는 경쟁으로부터 우리를 보호합니다. 진입 장벽을 만들 수 있기 때문입니다. 전문화가 어려울수록 진입 장벽도 높습니다. 다른 모든 사람이 하는 일을 하면, 모든 사람과 경쟁해야 합니다. 하지만 전문성을 기르고 강화하면, 대중과 차별화됩니다. 포르쉐를 저렴한 동네 정비소에 맡기나요? 아닙니다. 전문적으로 포르쉐를 다루는 정비소에 차를 맡기죠. 포르쉐 전문점은 다른 일반 정비소 공임의 두 배를 청구하지만 '전문가'라는 이유로 그 가격이 정당화됩니다. 그리고 이는 의학, 법학은 물론 배관 공사와 목수일 등에서도 그대로 적용됩니다. 큰 돈을 버는 건 전문가입니다. 나머지는 그렇지 못합니다.

NOT WORKING

It's been my experience in life, if you just keep
thinking and reading, you don't have to work.

—

은퇴

살아보니 알게 된 것이 있다. 끊임없이 생각하고
끊임없이 독서하면 일을 하지 않아도 된다.

미래가 없는 월가 직장에 지쳤습니까? 상사가 힘들게 하나요? 운용하는 파생상품이 곧 바닥을 쳐서 경력이 끝장날 것 같습니까? 그럼 계속 생각하고 계속 책을 읽으세요. 그럼 괜찮을 겁니다. 찰리가 보기에 그것이 투자 게임의 전부이기 때문입니다. 많이 생각하고, 많이 읽어야 합니다. 찰리는 하루에 많으면 600페이지 정도를 읽는다고 합니다. 여기에는 매일 읽는 신문 세 부와 일주일에 통상적으로 읽는 책 몇 권이 포함됩니다. 물론, 때때로 로스앤젤레스 컨트리클럽에 가서 클럽 샌드위치와 콜라를 즐기기도 합니다. 찰리는 열심히 책을 읽으면서도 여유를 즐길 줄 아는 사람입니다.

NOT LIVING BEYOND OUR MEANS

Mozart is a good example of a life ruined by
nuttiness. His achievement wasn't diminished—he
may well have had the best innate musical talent
ever—but from the start, he was pretty miserable.
He overspent his income his entire life—that will
make you miserable.

—

분수에 맞는 삶

모차르트는 화려함이 삶을 망친 좋은 예다. 그의 업적
이 줄어든 것은 아니다. 모차르트의 음악적 재능은 사
상 최고였는지도 모른다. 하지만 그는 애초부터 꽤나
비참했다. 평생을 소득보다 많이 소비하며 살았다.
그것이 사람을 비참하게 만든다.

찰리가 부를 축적한 비결 중 하나는 젊은 시절 혼신의 힘을 다해 절약을 한 것입니다. 찰리가 처음으로 중고가 아닌 새 차를 산 건 60세가 다 되어서였으며, 천만장자가 되고서도 한참이 지난 후에야 고급 주택으로 이사했습니다. 그런 한 푼 한 푼 아낀 돈이 투자 자금이 됩니다. 과소비는 우리를 비참하게 만들 수 있으며, 돈을 덜 쓰고 지혜롭게 투자하면 부의 추월차선 위를 달리게 될 겁니다.

OUT WITH THE OLD

Any year that passes in which you don't destroy
one of your best loved ideas is a wasted year.

—

탈피

애지중지하던 아이디어를 박살내지 않고
지나간 해는 시간을 낭비한 해다.

옛것은 버리고 새것을 받아들인다는 것, 이는 인간 사고 과정의 진화를 보여줍니다. 우리가 실제로 '생각'이라는 걸 하고 있음을 의미하죠. 여기서 찰리의 말은 가장 아끼는 아이디어 중 하나를 버리지 않았다면, 지적 개발을 전진시킬 만큼 충분히 읽고 생각하지 않았을 수 있다는 뜻입니다. 투자의 세계에서는, 애지중지한 투자 개념을 포기해야 하는 상황을 마주하기 마련입니다. 비즈니스 세계는 무척 역동적이라, 아주 짧은 시간에 급격한 변화를 경험하기도 합니다. 미국은 고작 70여 년만에 전기가 존재하지 않는 세상에서 전국에 전기가 통하는 세상으로 바뀌었습니다. 이는 18, 19세기의 뛰어난 사업이었던 양초, 가스등, 등유 램프 사업을 완전히 파괴했습니다. 1930년에는 가정집에 텔레비전이 없었습니다. 1960년에는 거의 모든 미국인의 집에 텔레비전이 한 대씩 놓였습니다. 1920년대의 인터넷이라 할 수 있는 가

정용 라디오 사업은 거의 사라졌습니다. 2000년에는 위키피디아Wikipedia라는 것이 존재하지 않았습니다. 오늘날 위키피디아 없이 일상을 살기 힘들어 졌고, 무척 좋은 사업이었던 244년 역사의 백과사전 비즈니스는 파괴되었습니다. 1974년에는 디지털 카메라가 존재하지 않았습니다. 오늘날에는 코닥Kodak이 존재하지 않습니다. 지난 100년 동안 코닥이 무척 성공적인 비즈니스였음에도 말이죠. 비즈니스와 투자의 세계에서는 우리가 옳다고 생각하는 것이 잘못되지 않았음을 확실히 하려면, 새로운 사실을 숙지하고 매년 익히 알고 있는 사실을 재검토하는 것이 최선입니다.

A MORAL IMPERATIVE

Being rational is a moral imperative. You should
never be stupider than you need to be.

—

윤리적 의무

합리적 판단은 윤리적 의무다.
필요 이상으로 어리석어지면 절대 안 된다.

이 말은 이성이 모든 윤리의 근원이라는 18세기 독일 철학자 임마뉴엘 칸트Immanuel Kant의 주장을 살짝 바꾼 것입니다. 찰리와 칸트에게 '이성적'이라는 것은 결정을 내릴 때 감정을 배제하고 논리와 근거를 따른다는 것입니다. 이는 찰리가 주식 매수에 대해 말하는 것과 무척 비슷합니다.

'윤리적 의무'는 마음에서 비롯되는 강력한 원칙으로, 사람이 어떤 행동을 하거나 혹은 하지 않도록 만듭니다. 칸트와 찰리는 마음의 소리를 따르지 않는 건 패배로의 길이라고 말합니다. 자기 패배는 이성에 반하는 것입니다. 찰리가 보기에 이성적이지 않다는 것은 멍청한 것과 같습니다.

SECRET OF SUCCESS

I have never succeeded very much in anything
in which I was not very interested. If you can't
somehow find yourself very interested in some-
thing, I don't think you'll succeed very much, even
if you're fairly smart.

—

성공의 비밀

나는 관심없는 분야에서 크게 성공한 적이 한 번도 없다.
큰 흥미를 느끼는 무언가를 찾지 못하면, 제법 똑똑한 사
람이라고 해도 크게 성공하기는 힘들 것이다.

✳

찰리는 위대한 사업가의 핵심은 그 비즈니스를 향한 열정이라고 종종 말합니다. 그런 열정을 가진 사람에 비즈니스는 일이 아닙니다. 평생의 사랑이죠. 그들은 집보다 일터에 있길 원합니다. 그들은 일에 대한 열정이 삶을 움직이고 정의하는 예술가입니다. 여기서 찰리는 이 이론이 우리가 하는 모든 일에 적용된다는 말하는 겁니다. 무언가에 성공하려면 그것에 대한 열정이 있어야 합니다. 지적 능력보다는 그 열정이 성공 여부에 결정적입니다. 스티브 잡스Steve Jobs가 말한 것처럼, "일은 삶의 많은 부분을 채울 것이다. 그러므로 진정으로 만족스러운 삶을 사는 유일한 방법은 자신이 위대하다고 생각하는 일을 하는 것이다. 그리고 위대한 일을 할 수 있는 유일한 방법은 자기 일을 사랑하는 것이다."

BEING FRUGAL

One of the great defenses—if you're worried about
inflation—is not to have a lot of silly needs in your
life—if you don't need a lot of material goods.

—

검소함

인플레이션을 극복하는 좋은 방법은 어리석은 욕망을
줄이는 것이다. 필요한 물질적 재화의 양을 줄이면
어리석은 욕망이 줄어든다.

찰리와 워런은 삶의 대부분을 상위 중산층의 주택에 살며 오래된 차를 몰고 다녔습니다. 왜 그랬을까요? 생활비를 줄여 투자할 수 있는 현금을 모으기 위해서입니다. 이것이 어떻게 두 사람을 인플레이션으로부터 지켜줄까요? 무언가가 필요하지 않으면, 무언가를 살 일도 없습니다. 그러니 물건 값이 올라간들 무슨 상관이 있겠습니까? 찰리가 계속해서 올라가는 페라리의 신차 가격 때문에 잠을 설친 적이 한 번이라도 있었을까요?

IDEOLOGY

Another thing I think should be avoided is extremely intense ideology because it cabbages up one's mind.

—

이데올로기

너무 과격한 이데올로기에 빠지지 않게 조심해야 한다.
과격한 이데올로기는 인간의 정신을 끔찍히 왜곡한다.

찰리는 청년들이 이데올로기의 영향을 쉽게 받고 종종 그 이외의 것은 생각하지 못하거나 상대방 주장의 다양한 측면을 보지 못할 정도로 사로잡힌다고 믿습니다. 열정이 이성적 사고 과정을 마비시키는 것입니다.

투자자의 관점으로 봤을 때, 워런이 자기 습관과 이데올로기의 사슬을 끊고 그레이엄의 투자 방법론으로부터 벗어날 수 있었던 것은 순전히 찰리의 도움 덕이었습니다. 워런은 적당한 가격의 위대한 회사에 투자하고 그렇게 매수한 주식을 오래 보유하기 시작했습니다. 나이든 사람도 열정적인 청년처럼 이데올로기에 젖어 더 나은 방법을 보지 못할 수 있습니다. 찰리 멍거 같은 사람을 친구이자 비즈니스 파트너로 두는 것이 좋은 이유입니다.

IDEA DESTRUCTION

We all are learning, modifying, or destroying
ideas all the time. Rapid destruction of your ideas
when the time is right is one of the most valuable
qualities you can acquire. You must force yourself
to consider arguments on the other side.

—

아이디어 파괴

인간은 늘 아이디어를 습득하고, 수정하고, 파괴한다.
적절한 시기에 빠르게 아이디어를 파괴하는 건 인간이
획득할 수 있는 가장 가치 있는 자질 중 하나다.
상대의 주장을 억지로라도 고려해야 한다.

이 말은 듣기는 쉬워도 실천하기는 어렵습니다. 오래 지녀온 생각을 포기하기는 힘듭니다. 불편하고 두려운 감정이 생깁니다. 게다가 변화는 보통 엄청난 노력을 요구합니다. 찰리와 워런이 경험한 가장 힘든 '아이디어 파괴' 중 하나는 버크셔 해서웨이의 섬유 사업 포기일 겁니다. 이들은 버크셔의 섬유 사업이 더 이상 장래성이 없고 수익을 내지 못할 것이 명백해진 후에도 사업을 유지했습니다. 실제로 큰 돈을 잃기 시작한 후에야 현실을 직시하고 해당 사업을 그만두었습니다.

여기서 교훈은 찰리의 정신이 절대 가만히 멈춰 있지 않았다는 것입니다. 찰리가 영광에 젖어 쉬지 않는다면, 우리도 그렇게 해야 합니다.

CATECHISM

Oh, it's just so useful dealing with people you can
trust and getting all the others the hell out of your
life. It ought to be taught as a catechism. … But
wise people want to avoid other people who are
just total rat poison, and there are a lot of them.

—

교리문답

믿을 수 있는 사람을 상대하고, 나머지는 인생에서 치
우는 건 너무나 유용하다. 이걸 교리문답처럼 가르쳐야
한다. … 현명한 사람은 해로운 사람을 피하려 하고,
그런 사람은 넘쳐난다.

교리문답이란 종교적인 가르침을 어린 학생에게 가르칠 때 사용하기 위해 교리를 요약한 것입니다. 여기서 찰리가 말하고자 하는 것은 신뢰할 수 없는 친구와 동업자는 멀리 해야 한다는 겁니다. 이는 함축하는 바가 많습니다. 우선 개인의 차원에서는, 신뢰를 잃어 가족 구성원과 어울리기 힘들어지면 큰 규모의 가족 모임은 역사 속으로 사라질지도 모릅니다. 사업의 차원에서는, 직원이나 거래처의 사람을 믿지 못하면 엄청난 불안과 비효율이 발생합니다. 신뢰는 모든 사업이 부드럽게 굴러가게 하는 윤활유니까요. 운송 업체나 병원을 운영한다고 할 때, 관리자가 일을 효과적으로 하려면 직원을 믿을 수 있어야 하고, 주문한 상품과 물건이 약속한 시간에 배달될 것임을 믿을 수 있어야 합니다. 이것이 불가능하면, 심각한 문제가 있는 겁니다.

COOKIE-CUTTER SOLUTIONS

'One solution fits all' is not the way to go. ... The
right culture for the Mayo Clinic is different from
the right culture at a Hollywood movie studio.
You can't run all these places with a cookie-cutter
solution.

—

만병통치약

'만병통치약'을 추구하면 안 된다. 종합병원에 걸맞는
직장 문화는 할리우드 영화 스튜디오에 적합한 문화와
다르다. 만병통치약을 모든 곳에 적용할 수는 없다.

조직 구조는 물론 경영진과 직원 혹은 고객이 상호작용하는 역학관계에 관한 말입니다. 찰리는 경험을 통해 모든 비즈니스는 각기 다른 특색이 있다는 걸 압니다. 그래서 어떤 사업에 적용된 해결책이 잘 통했다는 이유로 그걸 다른 사업에 적용할 수는 없음을 이야기하는 겁니다. 버크셔 해서웨이는 한 회사를 인수하면 그 회사에 뿌리내린 문화를 잘 바꾸려 하지 않습니다. 버크셔의 매니저들은 대부분 같은 부서나 회사에서 평생 근무합니다. 보험 업계의 뛰어난 경영진을 철도 업계로 보내는 경우는 절대 없으며 그 반대도 마찬가지입니다. 반면, GE 같은 회사는 종종 한 부서나 회사의 뛰어난 경영인을 완전히 다른 부서나 회사로 보내곤 합니다. 찰리는 매니저들을 이리저리 보내지 않는 정책이 버크셔가 작은 섬유 회사에서 출발해 GE를 압도하는 규모의 회사로 성장한 이유 중 하나라고 밝혔습니다.

LEARNING MACHINES

Warren is one of the best learning machines on this earth. … Warren's investing skills have markedly increased since he turned 65. Having watched the whole process with Warren, I can report that if he had stopped with what he knew at earlier points, the record would be a pale shadow of what it is.

—

공부벌레

워런은 지구상 최고의 공부벌레 중 한 명이다. 워런의 투자 기술은 65세가 된 이후로 눈에 띄게 좋아졌다. 워런과의 모든 투자 과정을 검토한 결과, 분명하게 말할 수 있다. 만약 그가 이미 알고 있는 것에 안주했다면 버크셔의 투자 성과는 지금 우리가 알고 있는 것의 희미한 그림자 정도 밖에 되지 않았을 것이다.

워런은 65세가 된 이후에 훨씬 더 훌륭한 투자자가 되었으며, 이는 나이에 상관없이 거의 모든 사람에게 희망이 있다는 뜻입니다. 특히 투자 시장에서는 은퇴한 이후에도 계속해서 공부하는 것이 큰 도움이 됩니다. 저는 자신의 기술이나 직업에 정말 탁월한 사람이 가진 또 다른 특징을 알아챘습니다. 그들은 대부분의 사람들과는 달리, 은퇴하고 한참이 지난 후에도 계속해서 공부하며 스스로를 향상시킵니다. 그들은 바다의 상어처럼 살기 위해 계속 헤엄을 칩니다. 학습이란 모든 투자자가 꾸준히 해야 하는 의무입니다.

SECRET TO WISDOM

Look at this generation, with all of its electronic
devices and multitasking. I will confidently predict
less success than Warren, who just focused on
reading. If you want wisdom, you'll get it sitting
on your ass. That's the way it comes.

—

지혜의 비밀

전자기기와 멀티태스킹으로 점철된 이 세대를 보라.
나는 그들이 독서에만 열중한 워런보다 성공하지 못할
거라고 자신있게 예견한다. 지혜를 원한다면 책상에
엉덩이를 붙이고 앉아라. 그게 지혜를 부른다.

✳

자서전을 읽는 것은 여러 사람이 인생에서 겪은 성공과 실패를 간접적으로 경험하게 합니다. 그리고 비즈니스 관련 서적을 읽는 것은 한 사업체의 우여곡절과 함께 문제를 어떻게 해결했는지를 가르쳐줍니다. 찰리와 워런 모두 방대한 양의 자서전과 비즈니스 서적을 방대하게 읽은 책벌레입니다. 만약 찰리가 자서전을 집필한다면 "내가 엉덩이를 붙이고 앉아서 책을 읽으며 부와 명성을 얻게 된 방법"이란 제목이 붙을지도 모르겠습니다.

LEGAL BUSINESS

The best legal experience I ever got was when I
was very young. I asked my father why he did so
much work for a big blowhard, an overreaching
jerk, rather than for his best friend Grant McFad-
den. He said, 'That man you call a blowhard is a
walking bonanza of legal troubles, whereas Grant
McFadden, who fixes problems promptly and is
nice, hardly generates any legal work at all.'

법률 비즈니스

내가 최고의 법률적 경험을 한 때는 어렸을 적이다. 아버지께 왜 가장 친한 친구 그랜트 맥페이든 아저씨와 같이 훌륭한 분이 아니라, 허풍이 심하고 욕심이 많으며 거만하고 다루기 힘든 사람을 위해 그렇게 많은 일을 하냐고 물은 적이 있다. 그러자 아버지가 말씀하셨다. "방금 네가 허풍쟁이라고 부른 저 사람은 법적 분쟁의 노다지 같은 사람이라 법률 사업을 훌륭하게 만들어 준단다. 그러나 그랜트 맥페이든은 문제가 생기면 재빨리 해결하고 친절한 사람이라 법적인 문제를 거의 만들지 않는단다."

여기서 두 가지 교훈을 얻을 수 있습니다. (1) 신속하게 문제를 해결하고 타인에게 친절하면 법적인 문제를 별로 겪지 않습니다. (2) 배관공이건, 변호사건, 치과의사건, 지붕 수리공이건, 사업과 직업의 세계에서는 문제가 있는 사람이 사업을 돌아가게 합니다. 그리고 그게 찰리가 법조계를 떠난 이유 중 하나입니다.

GETTING OLDER

I'm getting more experienced at aging. I'm like the
man who jumped off the skyscraper and at the
5th floor on the way down says, 'So far this is not
a bad ride.'

–

나이를 먹는 것

나이를 먹는 것에 더 익숙해지고 있다. 고층 빌딩에서
뛰어내려 5층 정도를 지나며 '아직은 괜찮네'라고
말하는 사람 같달까.

찰리는 전립선암에 걸렸는지 아닌지 알고 싶지 않다는 이유로 한 번도 전립선암 검진을 받지 않았습니다. 대부분의 남자가 결국은 전립선과 관련된 문제를 겪는 다는 것을 알기에 그 문제를 걱정하지 않기로 한 것이죠. 또한 캘리포니아에 지진이 일어날까 걱정하지도 않습니다. 찰리는 삶을 살며 불가피하게 마주할 수밖에 없는 모든 문제를 걱정하지 않기로 결심했습니다. 그 덕에 스트레스가 없는 삶을 살게 되었고, 어쩌면 그것이 찰리가 93세를 넘기고도 건강한 이유일지도 모릅니다.

POSITIVE REINFORCEMENT

All human beings work better when they get
what psychologists call reinforcement. If you get
constant rewards, even if you're Warren Buffett,
you'll respond. … Learn from this and find out
how to prosper by reinforcing the people who are
close to you.

—

긍정적 강화

모든 사람은 심리학자가 강화라고 부르는 것을 받을 때
일을 더 잘한다. 지속적으로 보상을 받으면 워런 버핏
조차 반응할 것이다. 이것을 유념해서 주변 사람들에게
강화를 적용해 좋은 삶을 살 방법을 찾아라.

＊

친구를 얻는 비결은 먼저 친구가 되는 것입니다. 필요할 때 도움을 받는 비결은 누군가 필요할 때 도움을 주는 것입니다. 배움의 비결은 가르치는 것입니다. 사람을 뛰어나게 만드는 비결은 그들의 장점을 키우는 것입니다. 저 유명한 록 뮤지션 보노Bono가 워런에게 미 의회가 자신의 아프리카 지원 프로젝트를 지원하도록 도움을 청했을 때, 워런은 미 의회의 동정심보단 그들의 위대함에 호소하라고 조언해 주었습니다.

INCENTIVE-CAUSED BIAS

You must have the confidence to override people
with more credentials than you whose cognition is
impaired by incentive-caused bias or some similar
psychological force that is obviously present. But
there are also cases where you have to recognize
that you have no wisdom to add—and that your
best course is to trust some expert.

인센티브 편향

전문성을 더 갖추었으나 인센티브에 의한 편향 또는 그
것과 비슷한 심리가 작용하여 인지력이 흐려진 것이 분
명한 사람을 뛰어넘을 수 있다는 자신감이 있어야 한
다. 하지만 때로는 더 보탤 지혜가 없다는 것도 인정해
야 한다. 그리고 그럴 때 최선은 전문가를 신뢰하는
것임을 받아야 들여야 한다.

인센티브에 의한 편향이 뭘까요? 찰리는 왜 더 저렴하고 잘 디자인된 신제품이 아니라 더 비싼 기존 제품이 잘 팔리는지 이해하지 못했던 한 CEO의 이야기를 즐겨합니다. 영업사원이 기존 제품을 팔 때 받는 수수료가 더 많았기 때문이었죠. 그래서 CEO는 신제품의 판매 수수료를 올렸습니다. 찰리는 대부분의 영업자에게는 직업이나 업종에 관계없이 판매를 늘리기 위한 금전적 인센티브가 있으며, 그럴 때 고객에게 좋은지에 상관없이 구매를 부추기는 경향이 있음을 알았습니다. 여기서 찰리는 누군가에게 이용당하지 않기 위해서는 약간의 회의주의와 자기교육이 필요하다고 말합니다.

하지만 우리 스스로의 편향을 알아채고 전문가의 도움을 구해야 할 때가 있습니다. 그럴 때는 최소한 두세 명, 어쩌면 네 명의 전문가를 만나서 안전한 의견을 구하는 것이 현명한 방법일 수 있습니다.

NARROW-MINDEDNESS

Most people are trained in one model—econom-
ics, for example—and try to solve all problems in
one way. You know the saying: 'To the man with
a hammer, the world looks like a nail.' This is a
dumb way of handling problems.

—

편협함

대부분의 사람은 한 분야, 예를 들어 경제학에서 훈련
받으며, 모든 문제를 한 가지 방법으로 해결하려 한다.
'망치를 든 사람에게는 모든 게 못으로 보인다'는 말을
들어 봤을 것이다. 이는 어리석은 문제 해결 방식이다.

이 말은 특히 경제학에 딱 들어맞습니다. 한 이론이 다른 이론이 해결하려는 문제를 만들어내기 때문입니다. 데이비드 리카도David Ricardo의 자유 무역 이론은 몇 백만 개의 미국 일자리를 해외로 내보냈고 실업률 상승에 일조했습니다. 케인즈의 경제학 이론은 은행의 실업 문제는 이자율을 낮추고 화폐 발행을 늘려 경제를 활성화하면 해결할 수 있다고 말합니다. 그래서 한편으로는 정부가 자유 무역 정책으로 실업을 부추기고, 다른 한편으로는 연방준비제도가 실업률을 낮추기 위해 이자율을 낮추고 돈을 찍어냅니다.

LIVING WELL

The best armor of old age is a well-spent life
preceding it.

–

잘 산다는 것

노년의 가장 좋은 무기는
보람있게 산 본인의 인생이다.

이는 워런이 예전에 대학생들에게 했던 말을 떠올리게 합니다. "우리는 우리의 몸을 평생에 단 한 대만 소유할 수 있는 자동차처럼 취급해야 합니다." 찰리는 워런의 비유를 꽤 진지하게 받아들여서 몸을 덜 사용하면 몸이 덜 상하고 더 오래갈 것이라고 생각했습니다. 그래서 동호회에서 브리지 카드 게임을 하거나 책장을 넘기는 것을 제외하고 그 어떤 유형의 육체적인 운동도 삼가한 사람으로 유명해졌습니다. 제 생각에 찰리가 진정으로 말하고자 한 것은 탐구심을 가지고 공동체의 일원으로 행동하며 고결하게 살아온 인생은 노년에 영향을 주어 늘그막에 아주 흥미롭고 만족스러운 삶으로 이끈다는 것입니다.

THE WORRIED RICH

If you get Warren Buffett for 40 years and the
bastard finally dies on you, you don't really have a
right to complain.

—

걱정 많은 부자

워런 버핏과 40년을 함께 했다면, 그가 당신보다 먼저
죽을지라도 당신에게 불평할 권리는 없다.

찰리와 워런의 걸출함으로 돈을 벌던 몇몇의 버크셔 해서웨이 주주가 그들이 나이가 들면서 걱정하기 시작하자 찰리가 한 말입니다. 수많은 버크셔의 주주가 찰리와 워런의 경영 덕분에 백만장자가 되었고, 심지어 억만장자가 된 사람도 제법 있습니다. 버크셔의 성과는 그 누구의 예상보다 훨씬 훌륭했지만, 개중에는 수백만 혹은 수십억 달러를 벌었음에도 만족하지 못하고 그들의 죽음을 걱정하며 불평하는 사람들이 있습니다. 17세기 영국의 철학자이자 과학자였으며 정치가였던 프란시스 베이컨Francis Bacon은 비슷한 광경을 목격하고 이런 말을 남겼습니다. "어떤 사람은 부자가 될수록 더 비참해집니다. 그러니 부자가 되는 것은 누군가에게는 축복이 아닌 저주일 수 있습니다."

ENVY

Well, envy and jealousy made, what, two out of the Ten Commandments? Those of you who have raised children you know about envy, or tried to run a law firm or investment bank or even a faculty? I've heard Warren say a half a dozen times, 'It's not greed that drives the world, but envy.'

—

질투

십계명 중에서 질투와 시기가 2개 항목을 차지한다? 여기 아이들을 키워 봤거나 로펌 혹은 투자은행을 운영해 봤거나 임원이었던 사람은 질투에 대해 알 것이다. 나는 워런이 "세상을 움직이는 것은 탐욕이 아니라 질투다"라고 말하는 것을 수 차례 들었다.

7대 죄악을 잘 알고 있는 입장에서, 저는 질투와 시기가 가장 덜 즐거운 것이라고 단언합니다. 분노, 탐욕, 태만, 식탐, 그리고 성욕, 특히 성욕을 포함한 모든 것은 스스로 재앙을 향해 달려가는 순간에는 무척 재미있을 수 있습니다. 하지만 질투와 시기는 그 정도가 미약하다 할지라도 사람을 비참하게 만듭니다. 하지만 찰리와 워런의 말처럼 정말로 질투가 세상을 움직인다면, 이 세상에 불행한 사람이 너무나 많다는 것이 그리 놀라운 일은 아닙니다.

READING

In my whole life, I have known no wise people who didn't read all the time—none, zero. You'd be amazed at how much Warren reads—and how much I read. My children laugh at me. They think I'm a book with a couple of legs sticking out."

—

독서

나는 지금껏 끊임없이 독서를 하지 않는 현명한 사람은 본 적이 없다. 단 한 명도. 워런이 얼마나 책을 읽는지 알면 깜짝 놀랄 것이다. 내가 얼마나 읽는지 알아도 마찬가지고. 우리 애들은 나를 발 달린 책이라고 놀린다.

찰리는 언제나 열렬한 독서광이었습니다. 어린 시절 오마하 시내의 공공 도서관에서 살다시피 했고, 그곳에서 책더미를 탐험하며 과거와 현재의 지성들을 만났습니다. 그리고 8살 무렵 토머스 제퍼슨Thomas Jefferson과 벤저민 프랭클린Benjamin Franklin은 찰리의 머리맡 선반에 영구적인 자리를 얻었습니다. 찰리를 남보다 앞서게 만든 것은 바로 독서입니다.

USELESS WORRY

I don't think it's terribly constructive to spend your
time worrying about things you can't fix. As long as
when you are managing your money you recognize
that a terrible thing is going to happen, in the rest
of your life you can be a foolish optimist.

—

쓸데없는 걱정

해결할 수 없는 문제를 걱정하며 시간을 보내는 건 그
리 건설적인 방법이 아니다. 돈을 관리하며 언젠가 나
쁜 일이 생길 수도 있다는 정도만 기억하면, 남은 인생
은 아주 안일한 낙관론자로 살아도 상관없다.

앞에서 다루었듯, 금융 세계에서는 끔찍한 일이 평균 8~10년에 한번씩 발생하곤 합니다. 왜냐고요? 대부분 자기자본에 비해 엄청나게 높은 레버리지를 사용하는 은행 시스템 때문입니다. 레버리지는 시장이 상승할 때 큰 수익을 내지만, 시장이 하락하면 그만큼 큰 손실을 내기도 합니다. 주식 시장을 폭락시키는 수많은 다른 원인들도 있습니다. 딱 하나 확실한 건 긍정적인 사고의 힘이 투자 세계에서는 아무런 도움이 되지 않는다는 겁니다. 찰리에 따르면 로스앤젤레스를 파괴할 미래의 지진에 대해 걱정하는 것은 시간의 낭비입니다.

LEARNING MACHINES

I constantly see people rise in life who are not the
smartest, sometimes not even the most diligent,
but they are learning machines. They go to bed
every night a little wiser than they were when
they got up, and boy, does that help, particularly
when you have a long run ahead of you.

—

학습 기계

똑똑하지도 않고, 가끔은 근면하지도 않은 사람이 성
공하는 것을 자주 봤다. 하지만 이런 사람은 학습 기계
다. 그는 잠자리에 들 때면 그날 아침보다 조금 더 현명
한 사람이 되어 있다. 갈 길이 먼 사람에게 이는 큰
도움이 된다.

＊

끊임없이 배우고, 또 끊임없이 스스로를 향상시키는 것은 매우 중요합니다. 지능을 쌓는다고 생각해보세요. 노력을 더 할수록, 지성이 더 풍부해질 것입니다. 그리고 투자의 특이한 점 중 하나는, 나이를 더 먹고 더 많은 것을 배울수록 더 훌륭한 투자자가 된다는 겁니다. 투자 분야는 독특합니다. 찰리가 외과 의사였다면, 수술대에서 15시간을 버틸 수 있는 체력이 부족한 시기가 언젠가는 찾아올 겁니다. 벽돌을 쌓는 직업에 종사했어도 마찬가지입니다. 투자가에게 필요한 육체적 자질은 시력, 맑은 정신, 그리고 전자책의 책장을 넘길 수 있는 기술 정도입니다. 이것이 찰리가 92살의 나이에도 훌륭한 투자자로서 젊은이들을 압도할 수 있는 이유입니다.

TRAGEDY

You should never, when faced with one unbeliev-
able tragedy, let one tragedy increase into two or
three because of a failure of will.

—

비극

믿기지 않는 비극을 마주했을 때, 절대 의지가 꺾여 하
나의 비극을 둘 혹은 셋으로 키우지 마라.

이 말은 버크셔 초창기 주주 중 하나인 샘 프리드Sam Fried를 떠오르게 합니다. 그는 10대일 때 아우슈비츠의 공포를 의지력 하나로 버텼으며, 전쟁이 끝난 뒤 오마하로 건너와 아름다운 가정과 놀라운 비즈니스를 일구어 지역 공동체를 이끄는 원로 중 한 명이 되었습니다. 그리고 그 과정에서 사랑과 관용으로 수많은 사람의 삶을 풍요롭게 만들었습니다.

MULTITASKING

I think people who multitask pay a huge price.

—

멀티태스킹

나는 멀티태스킹을 하는 사람은 큰 대가를 치른다고
생각한다.

많은 사람이 여러 일을 동시에 처리할 때 스스로가 무척 생산적이라고 생각합니다. 찰리는 무언가를 깊이 생각할 시간을 갖지 못하면, 깊이 생각을 하는 경쟁 상대가 큰 이점을 갖게 될 것이라 믿습니다. 찰리의 높은 집중력과 통찰력은 월가를 이길 수 있는 찰리만의 경쟁 우위였습니다.

A SEAMLESS WEB

The highest form that civilization can reach is a
seamless web of deserved trust—not much proce-
dure, just totally reliable people correctly trusting
one another. ... In your own life what you want
is a seamless web of deserved trust. And if your
proposed marriage contract has forty-seven pages,
I suggest you not enter.

신뢰의 그물망

우리 문명이 닿을 수 있는 가장 높은 수준의 사회는 가치 있는 신뢰의 그물망으로 이루어질 것이다. 복잡한 절차 없이 그저 신뢰할 만한 사람들이 올바르게 서로를 믿는다. 자신의 삶에서 극대화할 것은 응당한 신뢰의 그물망이다. 그리고 만약 혼인 계약서가 마흔일곱 페이지나 된다면, 그 결혼을 하지 말 것을 권한다.

찰리와 워런은 종종 20세기 오마하의 건설업 대부 피터 키윗Peter Kiewit을 인용하곤 합니다. 피터는 똑똑하고, 성실하며, 정직한 사람을 고용하고 싶다고 말했습니다. 하지만 이 세 가지 중에서, 정직함이 가장 중요한 덕목입니다. 정직하지 않으면, 다른 두 가지 덕목은 모두 쓸모가 없기 때문입니다. 버크셔의 기업 문화는 누군가를 믿을 수 없다면 그 사람과 비즈니스를 하면 안 된다는 것입니다. 결혼에 대해 말할 때, 찰리는 올바른 배우자를 찾았다면 결혼을 주저하면 안 된다는 말을 항상 합니다. 47페이지에 달하는 혼인계약서는 일생의 사랑을 아직 찾지 못했다는 뜻입니다.

MISSED CHANCES

I think the attitude of Epictetus is the best. He
thought that every missed chance in life was an
opportunity to behave well, every missed chance
in life was an opportunity to learn something, and
that your duty was not to be submerged in self-
pity, but to utilize the terrible blow in constructive
fashion. That is a very good idea.

잃어버린 기회

　나는 에픽테토스가 가진 삶의 태도가 최고라 생각한
다. 에픽테토스는 인생에서 놓친 모든 기회는 예의 바
르게 행동할 수 있는 기회이고 무엇인가를 배울 기회이
며, 기회를 놓친 사람의 의무는 자기 연민에 잠기는 것
이 아니라 건설적인 방법으로 끔찍한 충격을 활용하는
것이라고 생각했다. 무척 좋은 생각이다.

*

스토아학파 철학자 에픽테토스Epictetus(서기 55~135)
는 로마에서 네로 황제의 비서이자 노예로 삶을 시작했
습니다. 그는 철학을 공부했으며 네로의 죽음 이후 자
유의 몸이 되었습니다. 그리고 그는 도미티아누스 황제
가 모든 철학자를 도시에서 쫓아낼 때까지 로마에서 철
학을 가르쳤으며, 이후 그리스로 망명하여 자신의 철학
학파를 시작했습니다.

에픽테토스는 철학이 삶의 한 방식이며, 모든 외부 사
건은 운명에 의해 결정이 되며 우리가 어찌할 수 없다고
가르칩니다. 하지만 개개인은 각자의 행동에 책임을 집
니다. 투자 부분에서 '에픽테토스의 운명'과 비슷한 것
은 개별 회사에 영향을 주는 거시적·미시적 사건들 그
리고 그것에 따라 변동하는 주가입니다. 그런 사건에 어
떻게 반응하고 무엇을 배울지는 투자자의 책임입니다.

찰리는 투자의 삶에서 모든 손실 하나하나로부터 많

은 배움을 얻었습니다. 찰리가 매우 경쟁적인 산업(섬유, 제화, 의류 소매업, 그리고 항공)의 문제를 한 번도 겪지 못했다면, 그는 코카콜라나 씨즈캔디처럼 소비자 독점의 지위를 가진 회사를 소유할 통찰력을 갖지 못했을 것입니다. 또한, 가이코와 같은 저비용 생산이 비교 우위가 될 수 있음을 알지 못했을 것입니다. 1973~1974년의 주식 시장 폭락을 경험하지 않았다면, 2008~2009년 웰스 파고 주식을 매수하기 전까지 현금을 쌓아둘 통찰력을 갖지 못했을 것입니다. 토마스 에디슨Thomas Edison은 "실패는 성공의 어머니"라고 말했습니다. 비록 찰리가 에디슨만큼 많은 실패를 경험하진 않았지만, 그 역시 실패의 경험이 성공의 근원이었다고 말할 수 있습니다.

LYING TO ONESELF

Dean Kendall of the University of Michigan music school once told me a story: 'When I was a little boy, I was put in charge of a little retail operation that included candy. My father saw me take a piece of candy and eat it. I said, "Don't worry. I intend to replace it." My father said, "That sort of thinking will ruin your mind. It will be much better for you if you take all you want and call yourself a thief every time you do it."'

스스로를 속이는 것

미시건대학 음악대학의 학장 켄달이 내게 말해준 이야기다. "제가 어린 소년일 때 사탕을 포함한 여러 물건을 파는 작은 가게를 맡은 적이 있었습니다. 제가 사탕 하나를 집어먹는 것을 아버지가 보셨습니다. 아버지에게 말씀드렸습니다. '걱정마세요. 이따 채워 넣을 거에요.' 그러자 아버지는 '그런 생각이 네 정신을 망치게 될 거다. 차라리 원하는 만큼 가져가고 스스로를 도둑이라 부르는 편이 훨씬 좋을 게다.'"

프랑스의 철학자 장 폴 사르트르Jean Paul Sartre는 스스로를 속이는 것을 '나쁜 믿음'이라고 불렀습니다. '진실'을 부인하는 것이기 때문입니다. 더 나아가 개인의 도덕심을 파괴할 뿐만 아니라 사회까지 파괴합니다. 왜 사회까지 파괴될까요? 사르트르가 1940년대 파리의 담배 연기 자욱한 카페에서 논한 것처럼, 반쪽짜리 진실과 거짓이 횡행하는 곳에서 성공적인 사회를 건설할 수 없기 때문입니다. 여기서 찰리는 나쁜 행동을 정당화하기 위해 되뇌는 작은 거짓말은 종종 커다란 거짓말로 자라나 그 사람은 물론 다른 많은 사람의 삶을 파괴한다고 말합니다. 2008년의 금융 위기 경우처럼, 사악한 월가 사람의 부정직한 행동은 전 세계 경제 대부분을 파괴했습니다.

TRUTH

Remember Louis Vincenti's rule:
'Tell the truth,
and you won't have to remember your lies.'

—

진실

루이 빈센티의 원칙을 기억하라.
"진실을 말하라,
그러면 거짓말을 기억할 필요가 없을 것이다."

＊

루이 빈센티는 77세의 나이로 은퇴하기 전까지 변호사이자 웨스코파이낸셜Wesco Financial Corporation의 매우 존경받는 회장이자 CEO였습니다. 그는 뛰어난 비즈니스 마인드를 지니고 있었으며 직설적이고 간단명료한 업무 지시로 유명했습니다. 언제나 있는 그대로를 말하고 진실을 말했습니다. 사람들은 그를 '진실의 수호자'라 불렀습니다. 루이 빈센티는 찰리와 워런 두 사람 모두에게 많은 영향을 주었습니다.

PERSPECTIVE

It's bad to have an opinion you're proud of if you
can't state the arguments for the other side better
than your opponents. This is a great mental disci-
pline.

—

균형감

상대보다 자기 주장을 잘 말할 수 없다면, 자기 의견을
자랑스러워 하지 마라. 이는 좋은 정신 수양이다.

이 지적 훈련은 찰리가 한 사건의 양쪽 논점을 모두 제시할 수 있는 능력이 도움이 되는 법조계에서 교육을 받았기에 가능했을 겁니다. 상대의 주장을 안다는 것은 상대의 공격 지점을 안다는 것이며, 이는 법정에 들어가기 전에 반론을 마련할 수 있게 해줍니다. 이 지적 훈련의 가장 흥미로운 점은 상대의 주장을 알게 되면 우리가 틀렸고 상대방이 옳다는 것을 발견할 수도 있다는 것입니다. 이러한 이유로 인해 매우 소수의 사람들만이 찰리의 조언을 받아들였을 것입니다.

MULTIDISCIPLINE

If you have enough sense to become a mental
adult yourself, you can run rings around people
smarter than you. Just pick up key ideas from all
the disciplines, not just a few, and you're im-
mensely wiser than they are.

—

다학제

성숙한 어른이 될 만한 감각이 있다면, 당신보다 똑
똑한 사람을 능가할 수 있다. 모든 분야의 주요 개념을
익혀라. 몇 개가 아니라 전부. 그러면 대다수의 사람보
다 훨씬 지혜로워진다.

오케스트라에서 모든 악기를 연주할 수 있는 사람은 교향곡을 작곡할 수 있지만, 비올라 하나만 연주할 수 있는 사람은 세계 최고의 비올라 연주자라 할지라도 오직 비올라만 연주할 수 있을 뿐입니다. 찰리는 찰스 다윈Charles Darwin의 진화론, 스티븐 제이 굴드Stephen Jay Gould의 다윈론, 알베르트 아인슈타인Albert Einstein의 통일장 이론, 월터 배젓Walter Bagehot의 중앙은행에 관한 1873년의 논문, 아이작 뉴턴Isaac Newton과 고트프리트 빌헬름 라이프니츠Gottfried Wilhelm Leibniz의 미적분, 마르시아 스티검Marcia Stigum의 금융 시장에 대한 방대한 저술, 마르키스Marquis와 제시 R. 제임스Jessie R. James의 뱅크 오브아메리카의 역사, 수소 폭탄 개발 과정에서 로버트 오펜하이머Robert Oppenheimer와 에드워드 텔러Edward Teller 사이의 갈등, E. O. 윌슨E. O. Wilson의 사회생물학 이론 등을 쉬지 않고 토론할 수 있는 사람입니다. 또한 필요한 경우 마크 트웨인Mark Twain과 임마누엘 칸트를 인용할 수도 있습니다. 비록 찰리가 20세기 독일 표현주의 연극, 다다이즘, 그리고 러시아의 디아길레프Diaghilev가 만든 발레단과 같이 세상 모든 것에 대한 지식에 통달하진 못했지만, 주식 시장에서 큰돈을 버는 것으로 다양한 지식의 보상을 받고 있습니다. 또한, 저는 찰리가 미네소타의 호수에서 농어를 낚시하는 방법처럼 삶에서 더 중요한 것들에 대해서도 잘 알고 있다고 덧붙이고 싶습니다.

REFLECTION

I like you all because you remind me of myself.
Who doesn't like his own image staring back at
him?

–

상

나는 당신들 모두를 좋아한다. 당신들은 나 자신을 떠
오르게 한다. 자신의 상이 자기를 바라보는 것을 싫어
할 사람은 없다.

마법의 거울은 언제나 작용하고 있습니다. 우리도 찰리 회장님이 좋습니다. 그리고 수년간의 훌륭한 지식을 선물로 공유해 주셔서 감사합니다!

감사의 말

—

케이트, 덱스터, 그리고 미란다의 무한한 인내심과 사랑에 감사드립니다. 그리고 영민한 사람들과 조금은 난해한 주제에 대해 생각하고 글을 쓸 기회를 주신 발행인이자 편집자인 로즈 리펠에게 특별한 감사를 전합니다. 또한 제게 정의를 위해 싸우는 법을 알려준 와이오밍의 변호사이자 친구 게리 스펜서에게도 고마움을 표하고 싶습니다. 마지막으로, 훌륭하고 흥미로운 찰리 멍거의 인생을 내 삶에 끌어들인 워런 버핏에게 감사하다는 말을 꼭 전하고 싶습니다.

인용문 출처

—

1. Daily Journal Annual Meeting, 2015, http://www.forbes.com/
   sites/phildemuth/2015/04/20/charlie-mungers-2015-daily-journal-
   annual-meeting-part-3/#20f8719d6f0e

2. http://blogs.wsj.com/moneybeat/2014/09/12/a-fireside-chat-with-
   charlie-munger/

3. Daily Journal Annual Meeting, 2015, http://www.forbes.com/
   sites/phildemuth/2015/04/13/charlie-mungers-2015-daily-journal-
   annual-meeting-part-2/#429049264673

4. http://www.gurufocus.com/news/144211/charlie-mungers-wis-
   dom-poker-and-votes

5. Daily Journal Annual Meeting, 2015, http://www.forbes.com/
   sites/phildemuth/2015/04/07/charlie-mungers-2015-daily-journal-
   annual-meeting-part-1/#39be30b31d62

6. https://old.ycombinator.com/munger.html

7. http://blogs.wsj.com/moneybeat/2014/09/12/a-fireside-chat-with-
   charlie-munger/

8. http://www.quoteswise.com/investing-quotes.html

9. http://www.thepracticalway.com/2010/12/20/quotes-char-
   lie-munger/

10. http://www.nexusinvestments.com/the-wit-and-wisdom-of-char-
    lie-munger/

11. Tren Griffin, Charlie Munger: The Complete Investor (New York: Columbia University Press, 2015), p. 129.

12. Wesco Annual Meeting, 2006, http://www.valueplays.net/wp-content/uploads/The-Best-of-Charlie-Munger-1994-2011.pdf

13. http://www.jameslau88.com/charlie_munger_on_checklist_investing.htm

14. http://www.thepracticalway.com/2010/12/20/quotes-charlie-munger/

15. Daily Journal Annual Meeting, 2016, http://thecharlieton.com/the-2016-daily-journal-meetings-notes-february-10-2016/

16. Berkshire Hathaway Annual Meeting, 2001, http://www.bengrahaminvesting.ca/Resources/Books/The-Best-of-Charlie-Munger-1994-2011.pdf

17. Daily Journal Meeting, 2015, http://www.marketfolly.com/2015/03/notes-from-charlie-mungers-daily.html

18. Wesco Annual Meeting, 2006, http://www.valueplays.net/wp-content/uploads/The-Best-of-Charlie-Munger-1994-2011.pdf

19. Daily Journal Annual Meeting, 2015, http://www.forbes.com/sites/phildemuth/2015/04/07/charlie-mungers-2015-daily-journal-annual-meeting-part-1/#39be30b31d62

20. Griffin, Charlie Munger, p. 39

21. Berkshire Annual Meeting, 2003, http://www.fool.com/news/2003/05/05/report-from-berkshires-meeting.aspx

22. Berkshire Annual Meeting, 2005, http://www.tilsonfunds.com/brkmtg05notes.pdf

23. http://www.philanthropyroundtable.org/topic/excellence_in_philanthropy/masters_class

24. http://blogs.wsj.com/moneybeat/2014/09/12/a-fireside-chat-with-charlie-munger/

25. http://blogs.wsj.com/moneybeat/2014/09/12/the-secrets-of-berkshire-hathaways-success-an-interview-with-charlie-munger/

26. https://old.ycombinator.com/munger.html

27. Daily Journal Annual Meeting, 2015, http://www.forbes.com/sites/phildemuth/2015/04/20/charlie-mungers-2015-daily-journal-annual-meeting-part-3/#20f8719d6f0e

28. Daily Journal Annual Meeting, 2015, http://www.forbes.com/sites/phildemuth/2015/04/07/charlie-mungers-2015-daily-journal-annual-meeting-part-1/#39be30b31d62

29. http://today.law.harvard.edu/feature/money/

30. Berkshire Hathaway Annual Meeting, 2000, http://www.fool.com/investing/general/2015/01/17/12-of-the-best-things-charlie-munger-has-ever-said.aspx

31. Bud Labitan, The Four Filters Invention of Warren Buffett and Charlie Munger, p. 79

32. http://www.jameslau88.com/charlie_munger_on_the_conventional_wisdom_on_foundation_investing.htm

33. Wesco Annual Meeting, 1989, from Janet Lowe, Damn Right! Behind the Scenes with Berkshire Hathaway Billionaire Charlie Munger (Hoboken, NJ: Wiley, 2003), p. 150

34. https://old.ycombinator.com/munger.html

35. Daily Journal Annual Meeting, 2014, http://www.jianshu.com/p/4be97742ef5b

36. Daily Journal Annual Meeting, 2014, http://www.jianshu.com/p/4be97742ef5b

37. Berkshire Annual Meeting, 2015, http://www.businessinsider. com/warren-buffett-charlie-munger-quotes-at-berkshire-hatha-way-annual-meeting-2015-5

38. Daily Journal Annual Meeting, 2014, http://theinvestmentsblog. blogspot.com/2015/05/berkshires-architect.html

39. Wesco Annual Meeting, 2002, http://www.jameslau88.com/ charlie_munger_at_the_2002_wesco_annual_meeting.htm

40. Wesco Annual Meeting, 2009, http://www.valuewalk.com/ wp-content/uploads/2014/05/Charlie-Munger-2005-2013-minus-Harvard-Westlake.pdf

41. Daily Journal Annual Meeting, 2014, http://www.jianshu. com/p/4be97742ef5b

42. Daily Journal Meeting, 2016, http://www.valuewalk. com/2016/02/charlie-munger-daily-journal-2016/?all=1

43. Wesco Annual Meeting, 2009, http://www.bengrahaminvesting. ca/Resources/Books/The-Best-of-Charlie-Munger-1994-2011.pdf

44. https://old.ycombinator.com/munger.html

45. http://blogs.wsj.com/moneybeat/2014/09/12/the-secrets-of-berk-shire-hathaways-success-an-interview-with-charlie-munger/

46. Wesco Annual Meeting, 2009, http://www.valuewalk.com/ wp-content/uploads/2014/05/Charlie-Munger-2005-2013-minus-Harvard-Westlake.pdf

47. Berkshire Annual Meeting, 2006, http://www.fool.com/ news/2003/05/05/report-from-berkshires-meeting.aspx

48. Wesco Annual Meeting, 2011, Questions and Answers, http:// www.fool.com/investing/general/2012/06/14/charlie-mungers-30-best-zingers-of-all-time.aspx

49. Wesco Annual Meeting, 2010, http://www.fool.com/investing/value/2010/05/07/charlie-mungers-thoughts-on-just-about-everything.aspx

50. Berkshire Annual Meeting, 2002, http://www.azquotes.com/author/20634-Charlie_Munger/tag/capitalism

51. Wesco Annual Meeting, 2005, http://www.tilsonfunds.com/wscmtg05notes.pdf

52. http://thecharlieton.com/category/hedgefundnotes/

53. Wesco Annual Meeting, 2009, http://www.fool.com/investing/value/2009/05/08/charlie-mungers-thoughts-on-just-about-everything.aspx

54. http://money.cnn.com/2005/05/01/news/fortune500/buffett_talks/index.htm

55. Wesco Annual Meeting, 2004, http://mungerisms.blogspot.com/2009/10/wesco-2004-annual-meeting.html

56. Wesco Annual Meeting, 2009, http://www.fool.com/investing/value/2009/05/08/charlie-mungers-thoughts-on-just-about-everything.aspx

57. Daily Journal Annual Meeting, 2015, http://www.forbes.com/sites/phildemuth/2015/04/20/charlie-mungers-2015-daily-journal-annual-meeting-part-3/#20f8719d6f0e

58. Daily Journal Annual Meeting, 2015, http://www.forbes.com/sites/phildemuth/2015/04/07/charlie-mungers-2015-daily-journal-annual-meeting-part-1/#39be30b31d62

59. Daily Journal Annual Meeting, 2015, http://www.forbes.com/sites/phildemuth/2015/04/07/charlie-mungers-2015-daily-journal-annual-meeting-part-1/#39be30b31d62

60. http://www.cnbc.com/id/100705820

61. Daily Journal Annual Meeting, 2014, http://www.jianshu.com/p/4be97742ef5b

62. Wesco Annual Meeting, 2005, http://www.bengrahaminvesting.ca/Resources/Books/The-Best-of-Charlie-Munger-1994-2011.pdf

63. Wesco Annual Meeting, 2009, http://docslide.us/documents/wesco-financial-meeting-notes-1999-2009.html

64. Daily Journal Annual Meeting, 2014, http://www.forbes.com/sites/phildemuth/2014/09/25/charlie-munger-and-the-2014-daily-journal-annual-meeting-part-two/#77dc5b3f3b71

65. Daily Journal Annual Meeting, 2015, http://www.forbes.com/sites/phildemuth/2015/04/20/charlie-mungers-2015-daily-journal-annual-meeting-part-3/#20f8719d6f0e

66. Daily Journal Annual Meeting, 2014, http://www.jianshu.com/p/4be97742ef5b

67. Daily Journal Annual Meeting, 2014, http://www.jianshu.com/p/4be97742ef5b

68. Daily Journal Annual Meeting, 2014, http://www.jianshu.com/p/4be97742ef5b

69. http://today.law.harvard.edu/feature/money/

70. Berkshire Hathaway Annual Meeting, May 2000, from Alice Schroeder, The Snowball: Warren Buffett and the Business of Life (New York: Bantam, 2008), p. 579

71. http://www.thepracticalway.com/2010/12/20/quotes-charlie-munger/

72. http://www.thepracticalway.com/2010/12/20/quotes-charlie-munger/

73. http://theinvestmentsblog.blogspot.com/2011/06/munger-two-kinds-of-businesses-part-ii.html

74. http://www.thepracticalway.com/2010/12/20/quotes-charlie-munger/

75. http://theinvestmentsblog.blogspot.com/2013/06/buffett-and-munger-on-sees-candy.html

76. http://latticeworkinvesting.com/2016/02/13/charlie-munger-transcript-of-daily-journal-annual-meeting-2016/

77. Lowe, Damn Right, p. 150

78. Interview with the BBC, 2009, http://www.psyfitec.com/2009/10/buffett-and-munger-on-bbc.html

79. https://old.ycombinator.com/munger.html

80. https://old.ycombinator.com/munger.html

81. Wesco Annual Meeting, 2005, http://www.tilsonfunds.com/wscmtg05notes.pdf

82. Wesco Annual Meeting, 2005, http://www.tilsonfunds.com/wscmtg05notes.pdf

83. Wesco Annual Meeting, 2003, https://variantperceptions.wordpress.com/category/munger/

84. Wesco Annual Meeting, 2008, mungerisms.blogspot.com/2009/08/2008-annual-meeting-notes.html

85. Wesco Annual Meeting, 2007, http://www.valuewalk.com/wp-content/uploads/2014/05/Charlie-Munger-2005-2013-minus-Harvard-Westlake.pdf

86. http://thecharlieton.com/category/hedgefundnotes/

87. Wesco Annual Meeting, 2007, http://www.bengrahaminvesting.ca/Resources/Books/The-Best-of-Charlie-Munger-1994-2011.pdf

88. Wesco Annual Meeting, 2010, http://www.bengrahaminvesting.
ca/Resources/Books/The-Best-of-Charlie-Munger-1994-2011.pdf

89. Wesco Annual Meeting, 2005, http://www.tilsonfunds.com/
wscmtg05notes.pdf

90. Wesco Annual Meeting, 2008, http://www.bengrahaminvesting.
ca/Resources/Books/The-Best-of-Charlie-Munger-1994-2011.pdf

91. Wesco Annual Meeting, 2007, http://www.bengrahaminvesting.
ca/Resources/Books/The-Best-of-Charlie-Munger-1994-2011.pdf

92. http://www.thepracticalway.com/2010/12/20/quotes-char-
lie-munger/

93. http://www.quoteswise.com/charlie-munger-quotes-4.html

94. Griffin, Charlie Munger, p. 42

95. http://www.gurufocus.com/news/119820/30-of-charlie-mungers-
best-quotes

96. Griffin, Charlie Munger, p. 85

97. Wesco Annual Meeting, 2010, http://www.fool.com/investing/
value/2010/05/07/charlie-mungers-thoughts-on-just-about-
everything.aspx

98. Berkshire Hathaway Annual Meeting, 2011, http://www.fool.
com/investing/general/2011/07/05/charlie-mungers-thoughts-on-
the-world-part-2.aspx

99. http://boundedrationality.wordpress.com/quotes/charlie-mung-
er/

100. Daily Journal Annual Meeting, 2015, http://www.gurufocus.
com/news/394902/seeking-wisdom-from-charlie-munger

101. http://www.valueinvestingworld.com/2014/10/charlie-munger-
on-how-he-invested-when.html

102. Wesco Annual Meeting, 2007, http://www.valuewalk.com/wp-content/uploads/2014/05/Charlie-Munger-2005-2013-minus-Harvard-Westlake.pdf

103. http://www.thepracticalway.com/2010/12/20/quotes-charlie-munger/

104. Berkshire Annual Meeting, 2015, http://www.businessinsider.com/warren-buffett-charlie-munger-quotes-at-berkshire-hathaway-annual-meeting-2015-5

105. Daily Journal Annual Meeting, 2014, http://www.forbes.com/sites/phildemuth/2014/10/08/charlie-munger-and-the-2014-daily-journal-annual-meeting-part-four/#1bef4833644b

106. http://www.talkativeman.com/mungerisms-charlie-mungers-100-best-zingers-of-all-time/

107. http://genius.com/Charlie-munger-usc-law-commencement-speech-annotated

108. Wesco Annual Meeting, 2006, Question and Answers, https://www.goodreads.com/quotes/12934-we-all-are-learning-modifying-or-destroying-ideas-all-the

109. Daily Journal Annual Meeting, 2015, http://www.forbes.com/sites/phildemuth/2015/04/20/charlie-mungers-2015-daily-journal-annual-meeting-part-3/#20f8719d6f0e

110. https://www.gsb.stanford.edu/sites/default/files/38_Munger_0.pdf

111. Wesco Annual Meeting, 2007, http://www.fool.com/investing/general/2014/09/07/warren-buffetts-right-hand-man-reveals-his-secrets.aspx

112. Wesco Annual Meeting, 2007, http://www.bengrahamin-

vesting.ca/Resources/Books/The-Best-of-Charlie-Mung-er-1994-2011.pdf

113. Wesco Annual Meeting, 2009, http://www.bengrahamin-vesting.ca/Resources/Books/The-Best-of-Charlie-Mung-er-1994-2011.pdf

114. Wesco Annual Meeting, 2007, http://www.bengrahamin-vesting.ca/Resources/Books/The-Best-of-Charlie-Mung-er-1994-2011.pdf

115. Wesco Annual Meeting, 2007, http://www.bengrahamin-vesting.ca/Resources/Books/The-Best-of-Charlie-Mung-er-1994-2011.pdf

116. https://truinn.wordpress.com/2014/04/30/wisdom-from-char-lie-munger-i/

117. Griffin, Charlie Munger, p. 42

118. Charles T. Munger, Poor Charlie's Almanac: The Wit and Wis-dom of Charles T. Munger, https://www.goodreads.com/author/quotes/236437.Charles_T_Munger

119. Wesco Annual Meeting, 2007, http://www.fool.com/invest-ing/general/2009/05/04/roundtable-buffetts-biggest-berk-shire-bomb.aspx

120. http://www.rbcpa.com/mungerspeech_june_95.pdf

121. http://www.quoteswise.com/charlie-munger-quotes-2.html

122. Daily Journal Annual Meeting, 2015, http://www.forbes.com/sites/phildemuth/2015/04/20/charlie-mungers-2015-daily-jour-nal-annual-meeting-part-3/#20f8719d6f0e

123. http://genius.com/Charlie-munger-usc-law-commence-ment-speech-annotated

124. Schroeder, Snowball, p. 198

125. Daily Journal Annual Meeting, 2015, http://www.forbes.com/
sites/phildemuth/2015/04/07/charlie-mungers-2015-daily-jour-
nal-annual-meeting-part-1/#39be30b31d62

126. https://www.gsb.stanford.edu/sites/default/files/38_Munger_0.
pdf

127. http://genius.com/Charlie-munger-usc-law-commence-
ment-speech-annotated

128. Wesco Annual Meeting, 2007, http://www.bengrahamin-
vesting.ca/Resources/Books/The-Best-of-Charlie-Mung-
er-1994-2011.pdf

129. Wesco Annual Meeting, 2004, http://www.bengrahamin-
vesting.ca/Resources/Books/The-Best-of-Charlie-Mung-
er-1994-2011.pdf

130. Wesco Annual Meeting, 2006, http://www.bengrahamin-
vesting.ca/Resources/Books/The-Best-of-Charlie-Mung-
er-1994-2011.pdf

131. Wesco Annual Meeting, 2007, http://www.bengrahamin-
vesting.ca/Resources/Books/The-Best-of-Charlie-Mung-
er-1994-2011.pdf

132. Daily Journal Annual Meeting, 2014, http://www.jianshu.
com/p/4be97742ef5b